On the Road

Mit dem Campervan **durch den Balkan**

Am Eisernen Tor der Donau
im serbischen Nationalpark Đerdap

Stefan Eisenberg

On the Road

Mit dem Campervan **durch den Balkan**

BRUCKMANN

Inhaltsverzeichnis

Oben: Frančiškanska cerkev, die Franziskanerkirche in Sloweniens Hauptstadt Ljubljana
Unten: Der Galovac-Wasserfall im Nationalpark Plitvicer Seen

PREMIUM BANANAS

Oben: Auf dem Markt in Pristina, der Hauptstadt des Kosovo
Unten: Kajak-Tour durch die Nestos-Schlucht im Norden Griechenlands

Slansko jezero, der Slanosee in Montenegro

Unsere *Balkanroute*

14 000 KILOMETER DURCHS WILDE HERZ EUROPAS

Unterwegs sein. Wir können uns kaum etwas Schöneres vorstellen, denn es bedeutet für uns, diese schöne Welt immer wieder neu zu entdecken. Manchmal sind wir als Backpacker unterwegs, manchmal mit dem Mietwagen und manchmal mit dem Fahrrad. In Europa reisen wir am liebsten mit unserem Campingbus, denn mit dem fahren wir immer der Nase nach und können bleiben, wo es uns gefällt. Das ist für uns die größte Form der Freiheit. Die Reise beginnt schon an der Haustür, und der Weg wird zum Teil des Abenteuers. Und in unserem kleinen Schneckenhaus haben wir alles, was wir brauchen. Auf diese Art durften wir schon viel von Europa entdecken, doch es gibt noch ein paar weiße Flecken. Die Balkanhalbinsel gehörte lange dazu. 2022 konnten wir das endlich ändern.

Doch wer sind eigentlich »wir«? Wir, das sind Stefan und Esther, die seit 2011 gemeinsam reisen – und der Bulli, mit dem Stefan seit 2005 unterwegs ist. Der heißt meistens Dickbert und manchmal Blöde Karre, wenn mal wieder was kaputt ist. Dickbert ist über 30 Jahre alt und ein VW T3 Syncro, hat also Allradantrieb, was oft ziemlich praktisch ist. Gemeinsam sind wir in fünf Monaten 14 000 Kilometer kreuz und quer über die Balkanhalbinsel gefahren.

Wir waren auf den Spuren tausendjähriger Kulturen unterwegs, haben moderne Metropolen und fast vergessene Ruinen besucht. Wir haben Menschen getroffen, die uns mit offenen Armen und einem Lachen begrüßt haben. Und wir haben wilde Landschaften entdeckt, von denen wir nie gedacht hätten, dass sie in Europa überhaupt noch existieren. Nach dieser Tour sind wir uns sicher: Das wilde Herz Europas schlägt auf dem Balkan. In diesem Buch wollen wir euch auf diese Reise mitnehmen.

Die Route

Unsere Tour führte uns von Berlin durch die Slowenischen Alpen nach Nordkroatien und quer durch Bosnien-Herzegowina, Montenegro, Kosovo und Serbien an Bulgariens

Laut Navi eine Straße, in der Realität ein ausgewaschener 4x4-Track. Das kann euch auf einem Balkan-Trip schon mal passieren.

Strände am Schwarzen Meer. Von dort ging es an die Ägäis auf die Finger der Chalkidiki in Nordgriechenland. Über die Berge des Pindos fuhren wir nach Albanien und mittendurch zur Küste des Ionischen Meeres. Um den Ohridsee führte uns die Reise ins wilde Nordmazedonien und durch Albaniens verwunschene Berge zurück nach Montenegro. An der Felsenküste der kroatischen Adria entlang fuhren wir nordwärts nach Istrien und über die Slowenische Riviera zurück nach Deutschland.

Das Buch

Dieses Buch soll ein Baukasten sein. Wer kann schon den Balkan in einem Urlaub komplett bereisen? Damit alle, die dafür keine Zeit haben, die Balkanhalbinsel auch in kürzeren Etappen entdecken können, haben wir unsere Route nach Ländern aufgeteilt. So findet ihr alle Infos zum jeweiligen Land in einem Kapitel und könnt euch nach Belieben auf einzelne Länder konzentrieren. In den Karten jedes Länderkapitels sind neben unserer Strecke auch die bereisten Orte eingezeichnet (und im Text nummeriert). So könnt ihr entweder unseren Routen folgen oder die Highlights der Länder in eurer eigenen Reihenfolge kombinieren. Damit ihr eine Idee bekommt, wohin ihr reist, stellen wir euch am Anfang jedes Kapitels das jeweilige Land kurz vor. Tipps, zum Beispiel zu Restaurants und Campingplätzen, findet ihr in Infokästen im Reisebericht.

Am Ende jedes Kapitels haben wir ein paar Fakten gesammelt, die euch die Reise erleichtern sollen – sozusagen das Handwerkszeug, um die Länder zu bereisen. Der Reisebericht selbst ist geprägt durch unsere persönlichen Erfahrungen. Es soll kein klassischer Reiseführer sein, sondern euch auf unsere Reise mitnehmen. Wir haben versucht, ein Reisebuch zu schreiben, das wir selbst gern lesen würden. Und das von den Ländern erzählt, statt eine Datensammlung zu präsentieren. Denn die haben wir bisher in jedem Reiseführer bloß überblättert. Wir wollten eine Art Navigator verfassen, der euch dabei hilft, die schönsten Ecken der Länder zu finden. Die ihr dann auf eurer eigenen Reise auf eure Art entdecken könnt.

Reisen auf der Balkanhalbinsel

»Auf den Balkan?! Ist das nicht gefährlich?«, fragte uns vor der Abfahrt eine alte Freundin. Nach 14 000 Kilometern stellten wir fest, dass wir noch nirgends auf der Welt herzlicher empfangen wurden. Auf dieser Reise haben wir uns keinen Augenblick unsicher gefühlt. In Ballungsräumen waren wir eher vorsichtig – genauso, wie wir es überall auf der Welt wären. In ländlichen Gegenden gab es für uns

Oben: Das Eiserne Tor zwischen Serbien und Rumänien gilt als einer der imposantesten Taldurchbrüche Europas.
Unten links: Auf dem Premužić-Trail im kroatischen Velebit-Gebirge
Unten rechts: Am Blezënckë-Canyon in Albanien

keinen Grund zum Misstrauen. Um das Prinzip zu erklären, hilft ein Zitat. Gwen Weisser und Patrick Allgaier sind einmal um die Welt gereist. In ihrem Film »Weit« werden sie gefragt, ob sie auf ihrer Reise bloß einfach Glück hatten, dass ihnen nichts Negatives passierte. Ihre Antwort lautet: »Ich würde sagen, wir hatten einfach kein Pech. Das ist ein großer Unterschied. Am Ende bleibt die Erfahrung, dass es sich lohnt, zu vertrauen.« Schöner kann man das eigentlich nicht sagen.

Doch es gibt ein Vorurteil, das leider stimmt: Wer auf dem Balkan unterwegs ist, wird sehr viel Müll finden. Das ist nicht überall der Fall, aber ein generelles Problem. Für Menschen aus Ländern mit geregelter Müllabfuhr ist dieser Anblick schon heftig. In vielen Balkanstaaten funktioniert die Müllabfuhr ziemlich schlecht, in manchen Gegenden entsorgen einige Menschen ihren Müll wild oder verbrennen ihn. Beides ist keine gute Lösung. Doch mit dem wirtschaftlichen Aufschwung hat sich die Situation in vielen Ländern verbessert, und es bleibt zu hoffen, dass sich das so fortsetzt.

Freies Campen

Zum freien Übernachten ist die Balkanhalbinsel ein Traum. Und manchmal bleibt gar keine andere Möglichkeit, denn in manchen Ländern gibt es gar keine Campingplätze. Viele Gegenden sind so dünn besiedelt, dass niemand da ist, den ihr treffen könntet. Und wenn doch, ist die Wahrscheinlichkeit groß, dass ihr freundlich gegrüßt oder gefragt werdet, ob ihr Hilfe braucht. Das gilt jedoch nicht für die Touristengebiete, denn da drängen sich die Camper. Euch sollte klar sein, dass freies Campen auch in fast allen Balkanländern offiziell verboten ist und die meisten Einheimischen es bloß tolerieren. Und genau das ist der Punkt. Wir Reisende haben großen Anteil daran, ob das so bleibt. Wir sind Gäste in der Fremde und schulden ihr Respekt. Deshalb haben wir ein paar Regeln:

- Wir halten uns immer an örtliche Verbote – auch wenn sie nur auf Erfahrungen anderer Camper beruhen.
- Wir fragen, wenn wir können – was erstaunlich häufig möglich ist und immer sehr positiv aufgenommen wird.
- Wir campen nicht an Orten, von denen wir glauben, dass sich Einheimische gestört fühlen könnten.
- Wir machen uns recht schmal und räumen unseren Kram vor dem Schlafen weg, damit da über Nacht bloß ein Auto parkt.
- Und ganz wichtig: Wir hinterlassen nirgends neue Fahrspuren.

Oben links: Auf dem Gemüsemarkt von Rovinj in Kroatien
Oben rechts: Im Künstlerviertel Skadarlija in Serbiens Hauptstadt Belgrad
Unten: Übernachtungsplatz im Ropojana-Tal in Montenegros verwunschenen Bergen

Und Respekt heißt auch, niemals (wirklich niemals!) ohne Klo an Bord frei zu stehen. Denn genau diese Hinterlassenschaften sorgen überall auf der Welt dafür, dass immer mehr Einheimische mit freien Campern die Geduld verlieren. Mal abgesehen vom Klopapier, das oft Jahre zum Verrotten braucht: Wenn jemand auf seinen Haufen einen Stein legt, ist der nicht unsichtbar, sondern immer noch ein Haufen unter einem Stein. Und davon gibt es an den schönsten Plätzen leider wirklich viele. Wir haben also selbst in der Hand, ob wir von Einheimischen freundlich begrüßt oder fortgejagt werden.

Das alles hat auch mit Stellplatz-Apps wie park4night oder iCamper zu tun. Für schöne Plätze sind diese Apps ein Fluch: Dort sind bald so viele freie Camper unterwegs, dass die Einheimischen ziemlich schnell das Handtuch werfen. Und dann steht dort plötzlich ein Verbotsschild. Dennoch sind diese Apps unglaublich praktisch und erleichtern das Camperleben ungemein. Doch sollte euch auch hier bewusst sein, dass ihr oft nur geduldet seid – auch wenn das nicht in den Beschreibungen der Plätze steht. Wer jedoch aufmerksam die Kommentare liest, entwickelt recht schnell ein Gefühl dafür, ob er unerwünscht ist oder nicht.

In der Tolmin-Klamm im slowenischen Triglav-Nationalpark

Navigation unterwegs

»Don't follow the white road!« war in Nordmazedonien unser Motto, nachdem wir unseren Bus das x-te Mal im Rückwärtsgang aus tiefstem Dornengestrüpp gerettet hatten, das laut Navi ein Weg sein sollte. Ähnlich ging es uns in Serbien und Bulgarien. Solche Pisten können mit einem Allradfahrzeug echt lustig sein, aber normale Autos gehen dabei kaputt oder stecken fest. Und selbst mit 4×4 kommt man auf heftig ausgewaschenen Strecken ohne ausreichend Bodenfreiheit überraschend schnell an seine Grenzen. Das solltet ihr bedenken, wenn euch euer Navi eine Abkürzung über schmale Straßen vorschlägt. Die Daten der Wegenetze sind in manchen Balkanländern eben sehr veraltet. Wir haben solche Wege für dieses Buch weitgehend außer Acht gelassen, damit alle die Strecken fahren können. Wenn sich das nicht vermeiden ließ, sind die Passagen im Text benannt und Alternativen angegeben. Wer nicht blind drauflosfährt und im Zweifel einen Umweg in Kauf nimmt, wird wenig Probleme haben.

Was bleibt noch zu sagen? Wir würden uns sehr freuen, wenn es diesem Buch gelingt, eure Reise durch den Balkan zu bereichern. Und wir wünschen euch viel Spaß auf der Fahrt. Und beim Wandern, Schwimmen, Staunen, Schlemmen und mit all den herzlichen Menschen, die ihr unterwegs ganz sicher treffen werdet – im wilden Herz Europas.

Esther, Stefan und Dickbert

Auf dem Vršič-Pass im slowenischen Triglav-Gebirge

Die Etappen

Streckenlänge
600 Kilometer

Empfohlener Aufenthalt
8 bis 10 Tage

Highlights
Soča-Tal und Triglav-Nationalpark, Wocheiner See, Bleder See, Ljubljana, Piran, Felsenburg Predjama, Karsthöhlen Zelške jame

ETAPPE 1

SLOWENIEN

Slowenien

SCHROFFE ALPENGIPFEL, DUNKLE KLAMMEN UND KRISTALLKLARE FLÜSSE

Das erste Ziel unserer Balkanreise ist die Republik Slowenien, **Republika Slovenija**. Wer von Österreich dort einreist, wird sich sehr wahrscheinlich fragen, was dieses Land mit dem Balkan zu tun haben soll. Viel zu wenig entspricht die Alpenlandschaft den üblichen westeuropäischen Balkan-Vorstellungen. Wer hingegen von Italien kommt, wird Sloweniens mediterrane Seite schon viel eher entdecken, denn Slowenien hat eben beides zu bieten. Obwohl das Land nur etwas größer ist als Rheinland-Pfalz, ist seine Landschaft überraschend vielfältig. Das schroffe Hochgebirge der Julischen Alpen läuft nach Süden in bewaldete Hügel aus und wird nach Westen und Osten zu fruchtbaren Ebenen.

Etwa zwei Millionen Menschen leben hier. Die meisten sind Nachfahren der Slawen, die das Land einst besiedelten. Seitdem war Slowenien Teil wechselnder Herrschaftsgebiete, aber erst mit dem Untergang Jugoslawiens wurde es 1991 ein eigenständiger Nationalstaat. Der trat 1992 der UNO bei und ist seit 2004 Mitglied der Europäischen Union.

Von allen Ländern des ehemaligen Jugoslawiens gilt Slowenien als wirtschaftlich erfolgreichstes und dieser Aufschwung hält bis heute an. Dass kleinbäuerliche Landwirtschaft einen wichtigen Teil der slowenischen Wirtschaft ausmacht, merkt man bei der Fahrt durchs Land auf positive Weise. Felder, Weiden und Höfe sind sehr ursprünglich geblieben. Dem stehen moderne Städte gegenüber, die sich mit ihren historischen Bauten viel Charme bewahrt haben. Und noch etwas fällt auf: Die Stimmung ist sehr entspannt und unaufgeregt. Wir haben das sehr genossen.

Touristisch hat Slowenien besonders für Naturliebhaber und Aktivurlauber extrem viel zu bieten. Fast 40 Prozent der Landesfläche stehen unter Schutz und sind durch Tausende Kilometer Rad- und Wanderwege erschlossen. Glasklare Seen und Flüsse erlauben Kanu- und Wildwassersport, und der Kalkstein der Karstlandschaften ist von unzähligen Höhlen durchzogen. Trotzdem

Über den Wurzenpass in den Karawanken verläuft die Grenze zwischen Österreich und Slowenien.

wirkt Slowenien touristisch nicht überlaufen. Natürlich sind die Hotspots gut besucht, aber es geht entspannt zu. Auch an der winzigen Slowenischen Riviera ist viel weniger los als an den Küsten in Italien oder Kroatien. Wer je in Venedig oder Dubrovnik war, wird Piran als leer empfinden. Wer hingegen Einsamkeit und Ursprünglichkeit sucht, findet das schon nach wenigen Schritten abseits der klassischen Touristenrouten.

Kulinarisch ist Slowenien ganz klar ein Land des Balkans. Die deftige Hausmannskost des Alpenraums trifft auf mediterrane Küche mit slawischen Wurzeln. Das ist für vegetarische und vegane Menschen oft nicht einfach, denn das Essen ist sehr fleischlastig. Wer hingegen herzhafte Fleischgerichte mag, ist hier im Paradies. Dann locken Rind- und Schweinebraten, Gulasch und würzige Kuh- und Schafskäse – eben echtes Bauernessen. Bei den süßen Gerichten ist der österreich-ungarische Einfluss gegenwärtig, es gibt Palačinke und natürlich Štrudelj.

Wir haben die Menschen Sloweniens als freundlich und aufgeschlossen erlebt. Wenn Sprachbarrieren zu überwinden waren, ging das ganz einfach mit Händen und Füßen und einem Lächeln. Bei jüngeren Menschen ist Englisch nahezu selbstverständlich.

Uns hat Slowenien sehr gut gefallen und wir würden euch unbedingt empfehlen, etwas länger zu bleiben, wenn ihr könnt. Acht bis zehn Tage sind ein guter Anfang, um vieles zu entdecken – wir könnten uns dort aber auch acht Wochen Urlaub vorstellen.

Die wilde Soča und der Triglav-Nationalpark

Die letzten Höhenmeter sind wir im ersten Gang gefahren, dann erreichen wir nach fast 1000 Kilometern Anfahrt endlich Slowenien. Der Grenzübergang liegt mitten in den Karawanken auf dem 1071 Meter hohen **Wurzenpass**. Obwohl Slowenien nur mit einem kleinen Landesteil zur geografischen Region der Balkanhalbinsel gehört, ist es für uns doch der Startpunkt für unser großes Balkan-Abenteuer. Denn der Fluss Soča, der nach Italien fließt und dort Isonzo heißt, gilt als nordwestlichste Grenze der geografischen Bezeichnung »Balkanhalbinsel«. Und nebenbei ist das Soča-Tal so wunderschön, dass wir unmöglich einfach daran vorbeifahren können. Die Soča wird auch Smaragdfluss genannt und entspringt am Fuß des Berges Travnik im Herzen des **Triglav-Nationalparks.** Ihr kristallklares Wasser rauscht im Oberlauf durch wilde Schluchten und tief ausgewaschene Canyons. Und leuchtet dabei so unglaublich türkisblau, dass sich der Anblick kaum beschreiben lässt.

Doch vorher müssen wir noch über den legendären 1 **Vršič-Pass** (46.434116, 13.74345). Entlang der Save fahren wir durch Kranjs-

Das Blau der Soča-Quelle ist unbeschreiblich.

ka Gora und kommen dabei den gewaltig schroffen Wänden der Julischen Alpen immer näher. Mit 14 Prozent Steigung ist der Vršič-Pass etwas flacher als sein österreichischer Kollege. Dafür aber 540 Meter höher und mit 50 sehr engen, zum Teil gepflasterten Kehren viel anspruchsvoller zu fahren. Er wurde 1915 für das österreich-ungarische Militär von russischen Kriegsgefangenen gebaut. Mehr als 7000 Zwangsarbeiter starben dabei, und auf der Passhöhe erinnert die **Ruska kapelica** (Russenkapelle) an die Opfer.

Wegen eines Fahrradrennens ist hier oben so viel los, dass an Parken nicht zu denken ist, und so müssen wir an der Kapelle vorbeifahren. Wenn wir mehr Zeit hätten, könnten wir vom Pass auch zu diversen Wanderungen, Klettersteigen und anspruchsvollen Gipfeltouren starten. Bergab auf der Südrampe genießen wir den weiten Blick ins Tal der Soča. Fast unten, in Kehre 49, biegen wir zur **2 Soča-Quelle** (46.411944, 13.722500) ab. Wir parken auf einer Wiese oberhalb der Soča-Hütte. Eigentlich wäre das ein traumhaft schöner Übernachtungsplatz, aber freies Campen ist im Triglav-Nationalpark streng verboten.

Oben: Blick vom Vršič- Pass ins Tal der Soča .
Unten: Das letzte Stück Weg zur Soča-Quelle ist seilgesichert.

Es wird Zeit, unsere Wanderschuhe rauszukramen! Und die sind für den knapp 15-minütigen Aufstieg zur Quelle tatsächlich nötig. Es geht am rauschenden Fluss entlang hinauf und bald wird der anfangs breite Pfad steiler und steiniger. Irgendwann ist er so steil, dass wir die Hände mitbenutzen müssen. Und die allerletzten Meter sind dann sogar etwas ausgesetzt und mit Stahlseilen gesichert. Schließlich stehen wir zwischen engen Felswänden an einem eher unscheinbaren, moosbewachsenen Wasserbecken. Man könnte fast enttäuscht sein, wäre da nicht dieses intensive Blau, das irgendwie aus der Tiefe des Berges zu leuchten scheint. Vielleicht ist an der Geschichte vom verwunschenen Wasserspeier doch etwas dran? Der soll einst als Strafe für eine Überschwemmung von den Göttern hier in eine Höhle gesperrt worden sein. Nur sein Mund schaut aus der Höhle – die Soča-Quelle. Und wenn der Wassergeist irgendwann seine Strafe verbüßt hat, wird die Soča für immer versiegen, behauptet die Legende. Als wir uns zum Gehen umdrehen, fällt unser Blick aus der schmalen Klamm wie aus einem Fenster auf die strahlend hellen Berge in der Ferne. Wunderschön.

Mit unserem Bus fahren wir die letzten Kurven ins Tal und checken auf dem kleinen Campingplatz Camping Trenta ein. Wir haben Glück, einen Platz direkt am Soča-Ufer zu ergattern. Abends sitzen wir dort am Fluss auf einer kleinen Hängebrücke und lassen die Füße ins eisige Wasser baumeln. Dobrodošli v Sloveniji – willkommen in Slowenien!

Camping Trenta
Trenta 60 A, 5232 Soča, Tel. +386 31 615966
GPS: 46.388901, 13.747600

Am nächsten Tag wollen wir das Flusstal auf dem **Soča-Trail** erkunden. Dieser Wanderweg führt von der Soča-Quelle 28 Kilometer am Fluss entlang nach Bovec. Um vom Campingplatz zur Quelle zu kommen, versuchen wir es mit Autostopp statt Laufen. Das funktioniert ganz ausgezeichnet, und keine 15 Minuten später stehen wir dank Elka und Tomasz aus Polen am Parkplatz-Startpunkt unterhalb der Soča-Hütte (46.408187, 13.729262).

Von dort folgen wir den Wegweisern des Alpe-Adria-Trails (AAT) flussabwärts. Was allerdings nicht heißt, dass es immer nur bergab geht. Als schmaler Pfad führt der Weg die Schlucht hinab und die weitet sich zu einem Tal, in dem die Soča gemächlich fließt. Vom Türkis des Wassers sind wir ganz hingerissen. Und immer wieder gibt es grandiose Ausblicke auf Sloweniens höchsten Berg, den 2864 Meter hohen **Triglav**.

Wo sich das Tal kurz vor dem Dorf Soča wieder verengt, müssen wir den Fluss auf einer hölzernen Hängebrücke queren, die sich bedrohlich schwankend hoch über die Soča spannt. Doch der Blick von dort hinab ins kristallklar glitzernde Türkis vertreibt fast jede Höhenangst und unter der Brücke ist der perfekte Ort für ein Flussbad. Das Wasser ist eisig kalt, aber wundervoll. Auf dem weiteren Weg warten noch viele magische Flussmomente, denn die Soča hat vier bis zu 15 Meter tiefe Schluchten in den Kalkstein geschliffen, von denen **Mala korita** und **Velika korita Soče** (kleine und große Soča-Tröge) sicher die beeindruckendsten sind.

Als wir schließlich sehr viel später erschöpft Bovec erreichen, ist unser letzter Linienbus nach Trenta längst abgefahren. Also probieren wir unseren Daumen-Trick von heute Morgen, der auch diesmal ganz passabel klappt. Und pünktlich zur Dämmerung sitzen wir mit wunden Füßen, aber glücklich auf der kleinen Hängebrücke an unserem Campingplatz.

Tipp für den Soča-Trail
Falls ihr keine Zeit habt, den Soča-Trail zu wandern, könnt ihr alle Highlights des Weges auch mit dem Auto oder noch besser per Bus erreichen. Der Trail lässt sich wegen der vielen Bushaltestellen auch ganz bequem abkürzen oder am besten in zwei Etappen teilen. Da sich die Fahrpläne der verschiedenen Buslinien je nach Saison ändern, erfragt die genauen Abfahrtszeiten auf eurem Campingplatz.

Oben: Auf dem Soča-Trail
Unten: Camping Trenta am Ufer der Soča

Sovdat
Smast 3, 5222 Kobarid
051 397 701

Für Bovec nehmen wir uns auf unserer Weiterfahrt am nächsten Tag nur wenig Zeit, was das Städtchen eigentlich nicht verdient hat. Es ist mit seiner Lage zwischen malerischen Bergen am Zusammenfluss von Soča und Koritnica das Zentrum aller Outdoor-Aktivitäten im Soča-Tal. Dort finden sich zahllose Anbieter für Kajak- oder Rafting-Touren, Canyoning, Mountainbiking, Reiten und selbst Gleitschirmfliegen. Auch als Basecamp ist Bovec mit mehreren Campingplätzen, Pensionen und Hotels aller Preisklassen perfekt ausgestattet.

Wir folgen der Nationalstraße 203 entlang der Soča durch grüne Wiesen. An unserer Route liegt Sloweniens höchster Wasserfall, der 3 **Slap Boka** (46.32246,13.481196), dessen weißer Schleier schon von Weitem sichtbar ist. Wir parken an der Brücke und machen einen Abstecher hinauf zum ersten von drei Aussichtspunkten. Wir geben uns mit dem Ausblick vom ersten zufrieden und machen uns wieder auf den Weg zum Bus.

Wir fahren weiter und kurz vor Kobarid weist ein unscheinbares Schild zum Wasserfall 4 **Slap Kozjak** (46.26066, 13.59053). Die Anfahrt ist verschlungen, aber die Wegweiser sind zuverlässig, und schließlich enden wir auf einer Wiese oberhalb des Campingplatzes Kamp Koren, von der ein breiter Wanderweg in den Wald führt. An der glitzernden Soča vorbei geht es in das Nebental der Kozjak. Das wird zu einer engen Schlucht und der Weg führt zwischen farnbewachsenen Felsen über eine Treppe in eine kleine Grotte. Darin ergießt sich der Slap Kozjak in ein Felsbassin. Nur ein schmaler Streifen Licht fällt hier hinein und das glasklare Wasser im Becken leuchtet flaschengrün. Wir stehen wie verzaubert und genießen lange diesen märchenhaften Anblick.

Oben: Toller Blick vom Soča-Trail auf Sloweniens höchsten Berg, den Triglav.
Unten links: Die Grotte des magischen Kozjak-Wasserfalls
Unten rechts: Tatjanas Käse schmeckt uns richtig gut.

Auf dem Rückweg führt an der Soča-Brücke eine Treppe links hinauf zu den Resten von Schützengräben aus dem Ersten Weltkrieg. Es ist schwer vorstellbar, dass solch ein paradiesischer Ort vor etwas mehr als 100 Jahren blutiges Schlachtfeld war. Doch genau hier wurde 1917 die letzte von zwölf Isonzoschlachten geführt, in denen insgesamt mehr als eine Million Menschen starben. Wer sich ausführlich über dieses dunkle Geschichtskapitel informieren will, sollte unbedingt in Kobarid das Museum **Kobariški Muzej** (kobariski-muzej.si/deu) besuchen.

Bevor wir zurück am Bus sind, gilt es noch einen Einkauf zu erledigen. Denn schon auf dem Hinweg haben wir den Käse bewundert, der am Wanderweg angeboten wird. Verkäuferin Tatjana lässt uns geduldig alle Sorten probieren, die ihre Familie in der Käserei Kmetija Sovdat aus Milch der eigenen Kühe herstellt. Weil der Käse wirklich lecker ist, nehmen wir von jeder Sorte etwas mit. Beladen mit unserem neuen Proviant geht es zum Bus zurück und weiter nach Tolmin.

Käserei Kmetija Sovdat
Smast 3, 5222 Kobarid, Tel. +386 51 397701

Die 5 **Tolminska korita**, die Tolminer Klammen (46.199706, 13.742005), liegen am südlichsten Ende des Triglav-Nationalparks, gehören zum Touristen-Pflichtprogramm und sind entsprechend ausgebaut. Am Parkplatz finden wir Restaurants und Souvenirläden, und unsere Eintrittstickets werden an den automatischen Drehkreuzen per Barcode gescannt, doch trotz der vielen Besucher sind die tiefen Schluchten einen Besuch wert. Auf einem Rundweg erwandern wir die eiserne Teufelsbrücke, die Thermalquelle und den zottelig bewachsenen Bärenkopf. Nach dem letzten Anstieg zur Zadlaška jama oder Dante-Höhle stehen wir allerdings vor einer verschlossenen Tür, denn dort hinein geht es nur mit einer speziellen Höhlenführung.

Nach dem Abschied von der Klamm nehmen wir nach Osten den Abzweig in Bača pri Modreju zur Staße 403. Diese Strecke führt uns in vielen Kurven durch malerische Dörfer über die Berge nach Bohinjska Bistrica. Auf dem netten Campingplatz Kamp Danica schlagen wir für diese Nacht unser Lager auf.

Kamp Danica Bohinj
Triglavska cesta 60, 4264 Bohinjska Bistrica,
Tel. +386 4 5721702
GPS: 46.274200, 13.948100

Rund um den Wocheiner See

Vom Kamp Danica ist es am nächsten Morgen nur eine kurze Fahrt zum 6 **Bohinjsko jezero**, dem Wocheiner See. Sloweniens größter natürlicher See liegt malerisch zwischen hohen Bergen. Die sind im Winter ein beliebtes Skigebiet und im Sommer ein Paradies für Wanderer. Wir parken an einem alten Hotel in Ukanc und machen uns zu Fuß auf den Weg zum Wasserfall **Slap Savica** (46.295014, 13.796864). Dass der ein echter Touristenmagnet ist, erkennen wir schon am Parkplatz an der Hütte Koča pri Savici. Dort reihen sich die Reisebusse. Entsprechend viel Betrieb ist auf dem Weg steil hinauf zum Wasserfall. Das Flüsschen Velika Savica fällt in zwei Stufen fast 90 Meter in die Tiefe, und der Anblick inspirierte einst Sloweniens größte Lyriker zu romantischen Gedichten. Uns fallen zwar keine ein, aber schön finden wir es trotzdem.

Oben links: Tolminska korita, die Tolminer Klammen
Oben rechts: Kamp Danica am Ufer der Sava Bohinjka
Unten: Der malerische Savica-Wasserfall

Zurück im Tal, biegen wir vom Fußweg nach links ab und stehen kurz darauf an einer Badewiese am steinig-flachen Ufer des Bohinjsko jezero. Nach einem Bad folgen wir einem schmalen Wurzelpfad, der sich am See entlang durch steilen Uferwald schlängelt. Hier sind wir ganz allein, und es tun sich immer wieder bezaubernd schöne Badestellen auf (im Sommer sollte man hier auf Mücken vorbereitet sein). Auf dem letzten Kilometer führt der Weg durch Blumenwiesen an einem Restaurant vorbei, wo wir auf der Seeterrasse eine Pause machen – und Sloweniens Wurstspezialität **Kranjska klobasa**, die Krainer Wurst kennenlernen. Die ist genau das Richtige für uns hungrige Wandersleute.

Restavracija Kramar
Stara Fužina 3, 4265 Bohinjsko jezero,
Tel. +386 51 412212

Frisch gestärkt passieren wir im pittoresken Dörfchen Ribčev Laz die hübsche Kirche Sv. Janez Krstnik und kommen zum Anleger des Panoramabootes, das im Sommer zwischen Ribčev Laz und Ukanc verkehrt (bohinj.si/en/panoramic-boat). Wir schaffen gerade noch die letzte Tour um 17:30 Uhr.

Oben: Schmeckt besser, als sie aussieht: Kranjska klobasa, die Krainer Wurst
Unten: Die Kirche Sv. Janez Krstnik am Ufer des Bohinjsko jezero

Wandern im Skigebiet Vogel
Wenn ihr länger am Wocheiner See seid, solltet ihr eine Fahrt per Seilbahn von Ukanc (Talstation: 46.275904, 13.835806) ins Skigebiet Vogel auf 1535 Metern einplanen. Dort starten Wanderungen aller Schwierigkeiten mit atemberaubenden Aussichten über die Julischen Alpen.
Auch die Mostnica-Schlucht im Voje-Tal am unteren Seeufer ist einen Ausflug wert. Ihr erreicht sie vom Dorf Stara Fužina aus nach etwa einem Kilometer (46.290625, 13.886832).

Hoch über dem Bleder See

Uns zieht es weiter, und so fahren wir an diesem Abend noch zum 7 **Blejsko jezero**, dem berühmten Bleder See. Wer dort auf dem Camping Bled unterkommen will, sollte besser reservieren, denn dieser Platz ist selbst in der Nebensaison häufig ausgebucht.

Camping Bled
Kidričeva cesta 10 c, 4260 Bled,
Tel. +386 4 5752000, sava-camping.com/de/campingplatz-bled
GPS: 46.361699, 14.082114

Der Campingplatz liegt nicht nur idyllisch am See, sondern auch sehr nah am Aussichtsberg Mala Osojnica. Also machen wir uns am Morgen vom Startpunkt der Wanderung (46.35885, 14.08538) an den Aufstieg. Der ist richtig steil, manchmal rutschig, und es gilt einige lange Eisenleitern zu bezwingen. Doch bei jeder Pause wird die Aussicht auf den Bleder See immer besser und auf dem Gipfel finden wir unsere perfekte Frühstücksbank.

Nach dem Abstieg auf dem gleichen Weg erkunden wir das Seeufer. Von hier starten Ruderboote zur Insel **Blejski Otok**. Diese flachen Holzboote heißen »Pletna«. Der Beruf des »Pletnars« wird seit Generationen in den Familien der Pletnarji vererbt. Wir schippern aber nicht zur Wallfahrtskirche, sondern packen auf dem Campingplatz unsere Sachen. Am liebsten wären wir auf dem sechs Kilometer langen Rundweg um den See nach Bled gelaufen, aber weil wir auf dem Campingplatz nur eine Nacht buchen konnten, fahren wir nun mit unserem Bus.

Mit dem Boot auf die Insel

Zur Insel Blejski Otok mit der Wallfahrtskirche Mariä Himmelfahrt aus dem 17. Jahrhundert könnt ihr euch entweder von einem Pletnar rudern lassen, oder ihr fahrt mit dem Linienboot. Infos: pranzlno.si/sl/bled

Wir parken unterhalb der Burg von Bled und spazieren hoch zum Eingang. Die mittelalterliche Höhenburg **Blejski grad** steht auf einem 139 Meter hohen Felsen, der malerisch in den See ragt. Eine Zugbrücke führt in die beiden Innenhöfe mit Burgmuseum, Schmiede und Restaurant mit Weinkeller. Nach der Burgtour lassen wir den Bus an der Burg stehen und gehen zu Fuß nach **Bled**. Das kleine Städtchen wirkt eher verschlafen, was wohl am grauen Wetter liegt. Und so haben wir die Kirche Sveti Martin und den Park um das Hotel fast für uns allein. Wir schlendern zwischen den Ständen des Kunsthandwerkermarktes und werfen auf dem Rückweg einen Blick ins Fenster der Konditorei Slaščičarna Zima. Bei all den süßen Köstlichkeiten können wir schlecht widerstehen, und so wandern zwei Bleder Cremeschnitten mit uns zum Auto zurück. Die **Blejska kremšnita** sind zwei Schichten Vanillecreme und Schlagsahne zwischen hauchdünnem Blätterteig und die wohl bekannteste Spezialität aus Bled. Und wir können dem hinzufügen: Sie schmecken einfach köstlich.

Konditorei Slaščičarna Zima

Grajska cesta 3, 4260 Bled, slascicarna-zima.si
GPS: 46.371567, 14.105607

Oben links: Wilde Erdbeeren am Mala Osojnica
Oben rechts: Eine Pletna wartet auf Passagiere.
Unten: Toller Ausblick vom Mala Osojnica auf den Bleder See

Für die Nacht beziehen wir Quartier auf dem Campingplatz Šobec am Ufer der Save. Der liegt sehr idyllisch in einer Flussschleife, und so sitzen wir am Abend mit einem Wein auf dem breiten Kiesstrand am Fluss.

Camping Šobec
Šobčeva cesta 25, 4248 Lesce,
Tel. +386 4 5353700, sobec.si/de
GPS: 46.353823, 14.148757

Am nächsten Morgen scheint endlich wieder die Sonne. Wir wollen zur 8 **Blejski vintgar**, der Vintgar-Klamm. Diese Schlucht hat der Fluss Radovna in Jahrtausenden auf 1,6 Kilometern mehr als 300 Meter tief in die Berge Hom und Boršt gegraben. Wir fahren ein paar Kilometer zurück und parken am Eingang zur Klamm (Parkplatz 1: 46.392940, 14.084766). Dann folgen wir dem Fluss durch ein üppig grünes Tal, doch dahinter rücken die Felsen immer näher. Und dann führt am senkrechten Fels über dem wilden Fluss ein schmaler Steg durch die Klamm. Die Atmosphäre ist so wildromantisch, dass wir uns sicher sind: Caspar David Friedrich würde hier ganz sicher erst mal seine Staffelei auspacken.

Oben links: Die kleine Waldkapelle Sveta Katarina
Oben rechts: Camping Šobec am Ufer der Save
Unten: Das schäumende Wasser der Radovna in der Vintgar-Klamm

Hinter dem Ausgang der Klamm geht es zur Badestelle unterhalb des Wasserfalls **Šum**. Nach einem ziemlich kalten Bad folgen wir dem Hinweisschild Richtung Kirche **Sveta Katarina**. Der Weg führt durch schönsten Buchenwald bergauf zum Waldrand auf dem Bergkamm. Dort sehen wir die kleine Kapelle in der Sonne leuchten. Im Ausflugslokal direkt daneben suchen wir uns eine Bank und genießen den weiten Blick ins Tal und auf die Berge der Karawanken. Vorbei am Aussichtspunkt Podhomski geht es dann am flachen Berghang immer sanft abwärts zurück zum Parkplatz.

Sloweniens grüne Hauptstadt Ljubljana

Nach der Wanderung brechen wir zur nächsten Etappe auf. Diesmal nehmen wir die Autobahn und sind recht schnell in Sloweniens Hauptstadt 9 **Ljubljana**. Der Campingplatz Ljubljana Resort, den wir uns ausgesucht haben, ist eher mittelschön und auch nicht billig, hat aber den großen Vorteil, dass wir von dort entspannt mit der Buslinie 6 in die Altstadt kommen.

Camping Ljubljana Resort
Dunajska cesta 270, 1000 Ljubljana,
Tel. +386 1 5890130, ljubljanaresort.si
GPS: 46.097355, 14.519100

Ljubljana (Laibach) heißt übersetzt »Geliebte Stadt«, und wer an einem Sommernachmittag auf dem **Prešernov trg**, dem Prešerenplatz, steht, dem leuchtet dieser Name sofort ein. Wir sitzen eine Weile unterm Denkmal des Dichters France Prešeren, schauen uns die Franziskanerkirche **Cerkev Marijinega oznanjenja** von innen an und spazieren über die **Tromostovje** (Drei-Brücken-Anlage) die Promenade am Kanal der Ljubljanica entlang. Hier reihen sich unter Bäumen die Sonnenschirme von Cafés und Restaurants, und es kommt uns vor, als wären wir halb in Wien und halb in Venedig. Auf dem Rückweg zum Bus machen wir in Ljubljanas ältestem Gasthaus, dem Restavracija Šestica, halt für ein rustikales Abendessen.

Restaurant Restavracija Šestica
Slovenska cesta 40, 1000 Ljubljana
GPS: 46.053559, 14.504096

Auch für unseren zweiten Stadtbesuch fahren wir am nächsten Tag mit Linie 6, doch diesmal steigen wir schon etwas früher aus. Abseits der üblichen Touristenwege stromern wir durch die Stadt und entdecken das **Kulturzentrum Metelkova**. Der ehemalige Kasernenkomplex ist seit 1993 besetzt und hat ein buntes Flair wie Kopenhagens Freistadt Christiania. Unser Stadtspaziergang führt über die berühmte **Zmajski most** (Drachenbrücke) zum Zentralmarkt. Die Stände sind zwar heute leer, aber am Rande des Marktes gibt es ein paar Verkaufsautomaten. Und was wir da entdecken, ist ganz schlicht der leckerste Apfelsaft der Welt. »Jabolčnik« heißt dieser Zaubertrunk, der leicht nach Zimt schmeckt (Domačija Grčin, grcin.si).

Ljubljanas Schlemmermeile
Falls ihr an einem Freitag im Sommer in Ljubljana seid, könnt ihr in der Nähe des Zentralmarktes die legendäre Odprta Kuhna (Offene Küche) erleben. Einmal pro Woche verwandelt sich der Platz Pogačarjev trg dann in ein Schlemmerparadies. An Dutzenden Essensständen werden Spezialitäten aus aller Welt frisch zubereitet.
Infos: odprtakuhna.si
GPS: 46.051089, 14.507624

Vom Markt führt unser Weg steil auf den Festungshügel zum **Ljubljanski grad**, dem Laibacher Schloss. Wir spazieren durch den Schlosspark **Parkirišče Ljubljanski Grad** und fahren nach einem Kaffee auf der Terrasse des Burgrestaurants mit der Standseilbahn zurück in die Stadt. Nach einer letzten Runde durch die Altstadt bleibt noch Zeit für einen

Oben links: Noch leckerer geht nicht: Apfelsaft Jabolčnik
Oben rechts: Die Franziskanerkirche, ein Wahrzeichen von Ljubljana
Unten: Auf dem Prešernov trg, dem Prešerenplatz

Cimet
JABOLČNIK
PREMIUM
100% DIREKTNO STISNJENI

Balkan-Klassiker: Die Pljeskavica-Hackfleischburger im Imbiss **Hallo Leskovac** sind riesig und eine echte Empfehlung für Fleischliebhaber. Am Ende sind wir pappsatt und machen uns mit leicht fettigen Fingern auf den Heimweg zum Bus.

Imbiss Hallo Leskovac
Levstikov trg 8, 1000 Ljubljana
GPS: 46.046418, 14.506611

Entlang der Flüsse Save und Krka

Nach so viel urbanem Rummel hätten wir es gerne ruhig. Wir beschließen, dass wir nun vom Nationalpark genügend Abstand haben, um freies Übernachten zu probieren. Und so geht es vom Campingplatz nach Osten, bis wir bei Dol pri Ljubljani über eine kurze Piste einen wunderschönen Platz im breiten Kiesbett der Save finden. Hier gehen ein paar Locals baden, und wir gesellen uns dazu. Als später die Sonne untergeht, haben wir die Save längst ganz allein für uns.

Oben: Unsere Badestelle am Ufer der Save
Unten links: Ein Liebesgruß der Save
Unten rechts: Unser Heidensterz am Ufer der Krka am Schloss Žužemberk

Unser Übernachtungsplatz an der Save
GPS: 46.07773, 14.65237

Da wir nach Süden wollen, geht es am nächsten Tag zur Autobahn A1/E57 zurück, der wir bis zur A2/E70 folgen. Auf dieser fahren wir nach Südosten, um in Ivančna Gorica nach Gabrovčec auf die Landstraße abzubiegen. Denn ab hier wollen wir der Krka (Krainer Gurk) folgen, die sich durch ein malerisches Tal schlängelt. Nach einem kurzen Halt an ihrer Karstquelle **Izvir Krke** (45.889756, 14.771425) fahren wir durch verträumte Dörfer auf schmalen Straßen bis **Žužemberk**. Am Fuß der Ruinen von Schloss Žužemberk fließt die Krka fotogen über ein paar Tuffsteinkaskaden. Um uns das genauer anzuschauen, bleiben wir über Nacht auf dem freien Gemeindestellplatz für Wohnmobile direkt am Krka-Ufer.

Gemeindestellplatz Žužemberk
GPS: 45.828871, 14.931200

Bevor wir am Morgen weiterziehen, bleibt Zeit für ein experimentelles Frühstück. Auf der Terrasse des Restaurants Gostišče Koren am Ufer gegenüber probieren wir **Ajdovi žganci**. Das slowenische Nationalgericht aus Buchweizengries ist auch als »Heidensterz« bekannt und durchaus lecker.

Restaurant Gostišče Koren
Dolga vas 5, 8360 Žužemberk,
Tel. +386 7 3087260
GPS: 45.828238, 14.929899

Auf unserem Weg nach Osten biegen wir hinter Kostanjevica na Krki zum ehemaligen Zisterzienserkloster 10 **Kostanjevica** (45.835139, 15.416389) ab. Heute ist darin das Kunstmuseum Božidar Jakac (galerija-bj.si) und aus dem ehemaligen Klostergarten wurde ein riesiger Kunstpark voller expressionistischer Skulpturen.

Eigentlich wäre es von hier nur noch ein kurzes Stück zur Autobahn und über die Grenze nach Zagreb, die Hauptstadt Kroatiens. Doch uns packt die Abenteuerlust, und so biegen wir in Podbočje rechts über die Krka-Brücke auf die Straße 671 ein, die sich kurz darauf in steilen Kehren die Hügel des Sichelgebirges hinaufschraubt. Zwischen Slowenien und Kroatien verläuft die Grenze genau über diesen Bergkamm, der auf Slowenisch **Gorjanci** und auf Kroatisch **Žumberak** heißt. Durch urig-schöne Bergdörfer inmitten grüner Wiesen, durch Buchen- und Kastanienwälder geht es immer höher, bis wir von der Gipfelhöhe fast ganz Slowenien überblicken können. Dann geht es in den Wald zur Grenzstation. Hier kommen so wenig Touristen hin, dass die beiden Grenzer gar nicht glauben können, dass wir uns hierherverirrt haben …

Piran an der Slowenischen Riviera

… Als wir ein paar Monate später auf unserer letzten Balkan-Etappe von Süden an der Küste wieder nach Slowenien einreisen, ist am Grenzübergang Sečovlje im Vergleich zu dem im Sichelgebirge richtig was los. Denn kurz hinter der Grenze liegt ein Slowenien-Highlight. Die malerische Altstadt des Hafenstädtchens 11 **Piran** zieht im Sommer Millionen Touristen an. Auch jetzt im Oktober ist der große Hafenparkplatz ziemlich voll. Hinter dem Strand von Fiesa finden wir einen versteckten Parkplatz (45.523228, 13.582410). Dort sind Wohnmobile zwar verboten, aber für unseren Van interessiert sich niemand. Alternativ hätten wir kurz davor in einer Kehre zu gleichen Bedingungen parken können (45.52289, 13.57736).

Wir spazieren etwa einen Kilometer unterhalb steiler Klippen auf einem Uferweg am Steinstrand entlang zur Altstadt von Piran. Schon von Weitem ist der Kirchturm der Kathedrale **Cerkev sv. Jurija** zu sehen, der an Venedigs Markusturm erinnern soll. Wir schlendern durch enge Gässchen hinunter zum Segelhafen. An der Promenade reihen sich attraktive Bars und Restaurants mit

Oben links: Holzskulptur im Garten des ehemaligen Klosters Kostanjevica
Oben rechts: Pizza-Pause in Piran
Unten: Am Segelhafen von Piran

MUSEUM
PI-590
PI-2118

Meerblick, und diverse Treppen ins Wasser zeigen, dass hier im Sommer gebadet wird. Auf dem prachtvollen **Tartinijev trg** (Tartiniplatz) ist gerade Flohmarkt. Direkt hinter dem Rathaus bieten Gemüsehändler auf einem kleinen Wochenmarkt regionales Obst und Gemüse an – ideal, um sich mit Proviant einzudecken. Gleich nebenan ist eine Bäckerei mit empfehlenswerten Pizzen, Börek und sehr leckerem Kuchen. Wir machen Pause im süßen **Caffe Angelca** in der Via Fran Levstik 10. Hier geht es gar nicht touristisch zu, und außer uns treffen sich dort nur ein paar Anwohner zum Aperitivo. Die nette Wirtin erlaubt uns sogar, die mitgebrachten Speisen zu verputzen. So gestärkt wandern wir zum Auto zurück.

Mediterran speisen – ganz leger
Wenn ihr abends Lust auf mediterrane Küche habt, empfehlen wir euch das Fischrestaurant Fritolin pri Cantini. Hier treffen sich viele Einheimische, und statt am Tisch bedient zu werden, holt man sich sein Essen selbst am Küchenfenster ab. Fisch und Meeresfrüchte sind ausgezeichnet, und die genießt man neben dem Brunnen auf dem Platz des 1. Mai.
Prvomajski trg 10, 6330 Piran,
Tel. +386 41 873872
GPS: 45.529402, 13.565873

Die Höhlenburg Predjamski Grad

Auf Höhlenentdeckungstour

Auf dem Weg zur Höhlenburg 12 **Predjamski Grad** (45.814480, 14.128984) fängt es an zu regnen. Spektakulär wurde die Burg im 12. Jahrhundert unter eine Felswand in den Eingang der Erazmova Jama (Erasmushöhle) gebaut. Die Höhle diente als Burgkeller und ist voller geheimer Gänge. Eine Legende besagt, dass der Raubritter Erasmus von Luegg hier von seinen Feinden ausgerechnet auf dem Abort erschlagen wurde. Heute ist die Burg ein Museum, und auch ein Teil der Höhle kann besichtigt werden. Predjamski Grad gehört zu Sloweniens Touristen-Highlights und entsprechend groß ist hier der Rummel. Wir parken etwas abseits und schauen ungläubig dem Treiben im Regen zu. Dann schnappen wir uns unsere Schirme und gehen auf Erkundungstour.

Höhlen von Postojna
Wenn ihr Spaß an Höhlenbesichtigungen habt, solltet ihr euch die Postojnska jama (Höhlen von Postojna) ansehen, die auf dem Weg liegen und außergewöhnlich schön sein sollen. Der Eintritt ist nicht ganz billig. Zur Freude von Kindern fährt aber sogar ein Höhlenzug hindurch.
Infos: postojnska-jama.eu
GPS: 45.781460, 14.202948

Nach dem Touristenrummel an der Höhlenburg möchten wir noch eine weniger bekannte Gegend von Slowenien entdecken. Die 13 **Zelške jame** (45.791047, 14.304552), die

Selzach-Höhlen liegen etwas abgeschieden am Ende eines wilden Tals, das der Fluss Rak in den Kalk gewaschen hat. Dort gibt es weder Kassenhaus noch Parkplatzleitsystem, es führt bloß ein unscheinbarer Trampelpfad durch ein paar Sträucher zum Höhleneingang hinab. Wer dort hinuntergeht, steht in einer dunklen Halle, in der rechts der Rak im tiefen Schwarz einer Höhle verschwindet. Nach links geht ein schmaler Weg durch einen kleinen Tunnelbogen, und dahinter steht man in einer anderen Welt. Die eingestürzte Höhle wirkt wie ein Urwald aus der Kreidezeit. Es würde nicht wundern, wenn hier plötzlich ein Pteranodon durchs Bild flöge. Über eine kleine Steinbrücke geht nach links ein zweiter Tunnel zu einer noch größeren Höhle, von deren Felsendach nur noch ein schmales Stück hoch über uns den Himmel teilt. So ungefähr muss sich Jules Verne den Mittelpunkt der Erde vorgestellt haben – bloß die Riesenpilze fehlen.

Es dämmert längst, als wir diesen magischen Ort verlassen, um uns einen Übernachtungsplatz zu suchen. Den finden wir gar nicht weit entfernt, denn wer sich zu benehmen weiß, darf auf den Parkplätzen im Naturpark übernachten. Und das tun wir natürlich.

Unser Übernachtungsplatz im Naturreservat
GPS: 45.79048, 14.29344
Weitere gibt's entlang der Straße.

Nach einer regnerischen Nacht brechen wir zu unserer langen Rückfahrt auf, denn von hier geht es nun nach Hause. Bis zur Autobahn nach Norden ist es nicht weit, ein paar Kilometer später steht auf den Schildern »Ljubljana«. Und an dieser Stelle schließt sich der Kreis unserer Balkanreise: Fünf Monate und Tausende Kilometer zuvor sind wir hier abgebogen. Diesmal fahren wir am Schild vorbei, immer Richtung Triglav. Und dem winken wir, als wir auf der Autobahn kurz darauf im Karawankentunnel verschwinden.

Doch setzen wir zurück zum Grenzübergang im Gorjanci- bzw. Žumberak-Gebirge …

Oben: Einer unserer Lieblingsorte, die versteckten Höhlen Zelške jame
Unten: Unsere Übernachtung im herbstlichen Rakov Škocjan

Reiseinfos zu Slowenien

Währung Euro

Zeitverschiebung keine (MEZ/MESZ)

Notrufnummern Polizei/Feuerwehr/Rettungsdienst: 112

Einreiseregeln/Wichtige Reisedokumente
Slowenien hat das Schengen-Abkommen unterzeichnet, es finden keine Grenzkontrollen statt.

Internet/Netzabdeckung/Netzgeschwindigkeit
Als EU-Mitglied gilt in Slowenien kostenfreies Roaming. Die beste Netzabdeckung hat der Anbieter Telekom Mobile, gefolgt von A1 Mobile. Bis auf abgelegene Gebiete ist die Abdeckung befriedigend bis gut mit 4G oder schneller.

Freies Übernachten
In Slowenien ist freies Campen generell verboten, was an der gesamten Küste und im Nationalpark kontrolliert und geahndet wird. Abseits dieser Gegenden haben wir häufiger frei übernachtet und wurden von den Einheimischen freundlich geduldet. Die üblichen rücksichtsvollen Verhaltensregeln sollten dann unbedingt eingehalten werden! Kontrollen durch die Polizei haben wir nicht erlebt.

Camping-Infrastruktur
Slowenien ist ein beliebtes Reiseziel, daher sind ausreichend Campingplätze für alle Ansprüche vorhanden, im Landesinneren sind die Ausstattungen häufig einfacher. Deutsche Standard-Gasflaschen werden in Slowenien üblicherweise problemlos aufgefüllt, Adapter sind meist nicht nötig. Der Tausch von Gas-Pfandflaschen ist jedoch nicht möglich.

Trinkwasserqualität
Leitungswasser ist in der Regel trinkbar, die Qualität aber stark vom Zustand der Leitungen abhängig. Im Zweifel Einheimische fragen oder ein Filtersystem verwenden. Das gilt auch für die zahllosen Quellen und Trinkbrunnen. Negative Erfahrungen hatten wir keine.

Tempolimits/Lichtpflicht/Straßenqualität
Innerorts gilt Tempolimit 50, außerorts 90, auf Schnellstraßen 110 und auf Autobahnen 130 km/h. In Slowenien müssen Fahrzeuge auch tagsüber mit Licht fahren. Der allgemeine Straßenzustand ist in der Regel gut bis sehr gut, was jedoch nur bedingt für Neben- und Bergstrecken gilt. Aber auch hier haben wir keine gefährlichen Situationen erlebt.

Straßenmaut

Für Autobahnen gilt generelle Mautpflicht. Seit 2022 wird die E-Vignette mittels Scan des Fahrzeugkennzeichens kontrolliert. Diese kann an nahezu allen Tankstellen in Autobahnnähe erworben werden. Genaue Preise und Fahrzeugklassen findet ihr unter adac.de/reise-freizeit/maut-vignette/slowenien

Reisewortschatz – die Basics

Deutsch	Slowenisch (Slovène)
Hallo	Ždravo
Tschüss	Čao
Guten Tag!	Dóber dán!
Auf Wiedersehen!	Nasvídenje!
Ja / Nein	Da/Ne
Ja bitte / Nein danke	Da prosim/Ne hvala
Danke	Hvála
Bitte	Prósim
Entschuldigung	Opravičílo
Sehr gut!	Zelo dobro!
Ich heiße …	Moje ime je ...
Wie heißt du?	Kako ti je ime?
Prost!	Na zdrávje!
Darf ich Englisch/Deutsch mit dir sprechen?	Ali lahko z vami govorim angleško/nemško?
Ich brauche Hilfe.	Potrebujem pomoč.

Streckenlänge
1220 Kilometer

Empfohlener Aufenthalt
14 bis 21 Tage

Highlights
Zagreb, Dubrovnik, Krka-Wasserfälle, Plitvicer Seen, Kvarner Bucht, Halbinsel Istrien, Kap Kamenjak

ETAPPE 2

KROATIEN

Kroatien

ROTE FELSENKÜSTEN, ANTIKE STÄDTE UND TRAUMHAFT SCHÖNE WASSERFÄLLE

Die Republik Kroatien, **Republika Hrvatska**, ist unser zweites Reiseland und ohne Zweifel das vielseitigste des gesamten Trips. Zwischen der Hauptstadt Zagreb mit ihrem Wiener Chic und den weiten Ebenen Slawoniens könnte der Unterschied zur zerklüfteten Felsenküste Dalmatiens und den Karstlandschaften der Halbinsel Istrien kaum größer sein. Und das alles auf einer Fläche, die nur knapp doppelt so groß ist wie Brandenburg. Kroatien vereint Touristenrummel an den Adriastränden, wunderschöne Felsküsten, mediterrane, geschichtsträchtige Festungsstädte, unbegreiflich schöne Wasserfälle, schroffe Berge, sattgrüne Weinberge und unberührte Wälder im einsamen Hinterland.

In Kroatien leben vier Millionen Einwohner, wovon neunzig Prozent Kroaten und etwa fünf Prozent Serben sind. Einst wurde das Gebiet von Ionern und Griechen besiedelt. Es gehörte zum Römischen Reich, wurde byzantinisch, dann fränkisch. Venedig zankte sich mit den Osmanen darum, viel später regierten die Habsburger und noch später Österreich-Ungarn. Nach der Schreckensherrschaft der Ustascha-Faschisten während des Zweiten Weltkriegs gehörte Kroatien zur Jugoslawischen Föderation. 1991 wurde es ein unabhängiger Staat, dann folgten vier Jahre blutiger Krieg. 2013 wurde Kroatien 28. Mitglied der Europäischen Union. Im Januar 2023 löste der Euro die Kroatische Kuna als Zahlungsmittel ab, zugleich fielen die Schengen-Grenzen.

Wirtschaftlich ist das Land noch immer dabei, sich von den Folgen des kroatischen Unabhängigkeitskrieges von 1991 bis 1995 zu erholen. Das hat mit einigen Hochs und Tiefs bis heute ganz gut geklappt. Wichtigster Wirtschaftszweig ist neben Industrie, Schiffsbau und Landwirtschaft seit den 1960er-Jahren der Tourismus an der Küste. Und die Besucherzahlen steigen stetig. Doch keine Bange, Kroatien ist groß genug für alle. Wer sich von den Hotspots wegbewegt, findet ein fast unberührtes Reiseland, in dem man tagelang unterwegs sein kann, ohne andere

Grüne Grenze mal ganz wörtlich: der Grenzübergang im Žumberak-Gebirge

Touristen zu treffen. Das gilt nicht nur für die grünen Ebenen Slawoniens, sondern auch für Zentralkroatien und ganz besonders für die kaum besiedelten Hochkarst-Täler des Velebit und des Kapela-Gebirges. Dort gibt es noch echte Wildnis aus fast endlosen Tannen- und Buchen-Urwäldern. Auch die Küche spiegelt Kroatiens Vielfalt wider. In Slawonien ist sie ungarisch-österreichisch geprägt, in Mittelkroatien und an der Dalmatinischen Küste überwiegt der mediterrane Charakter mit osmanischen Einflüssen. In Istrien schmeckt man dann mehr die Nähe zu Italien.

Für die Kroaten sind Touristen völlig normal und der Umgang mit ihnen entsprechend selbstverständlich. Es wird gern und freundlich weitergeholfen. Als Camper solltet ihr aber unbedingt beachten, dass die Küsten im Sommer ziemlich überlaufen sind. Viele Anwohner haben mittlerweile nicht mehr viel Geduld mit Leuten, die ihr Vanlife ganz ungeniert direkt neben ihrem Garten zelebrieren. Das fänden wir daheim ja auch nicht lange lustig. Wer sich hingegen an die Regeln hält und im Zweifel freundlich fragt, begegnet wirklich herzlichen Menschen, die auch immer für einen Schwatz zu haben sind – Englisch und insbesondere Deutsch sind verbreitet. Eins sollte man aber auf keinen Fall tun: behaupten, dass Kroatien zum Balkan gehört. Denn da sind die Kroaten ganz entschieden anderer Ansicht.

Wir haben uns oft gefragt, weshalb so viele Menschen von Kroatien derart begeistert sind, dass sie immer wieder hinfahren. Jetzt wissen wir es und stellen fest: Auch wir wollen da unbedingt wieder hin. Denn es ist klar, dass all die Schönheit dieses Landes unmöglich in einem einzigen Urlaub zu entdecken ist.

Wilde Fahrt durch das Žumberak-Gebirge

»Your car is perfect for these roads!«, sagt der Grenzbeamte an dem einsamen Grenzübergang lachend, als er unsere Pässe kontrolliert. Was er damit meint, wird auf der Weiterfahrt schnell klar. Eng und kurvig führt der Weg durch die Hügel des Žumberak-Gebirges, und der Straßenbelag erinnert sehr an einen Flickenteppich. Durch Wiesen und Kastanienwälder fahren wir an alten Heuschobern und Bauernhäusern vorbei, und irgendwann geben die Bäume dann zum ersten Mal den Blick in die Weite Kroatiens frei. Unter uns ziehen sich grüne Hügel bis in die dunstig blaue Ferne.

Die Straße führt in engen Serpentinen an steilen Felswänden entlang eine Schlucht hinab. Leitplanken gibt es hier nicht, aber zum Glück gerade auch keinen Gegenverkehr. Weiter unten biegen wir nach Slavetić ab und fahren im Zickzack den Südhang des **1 Žumberak** entlang. An der Burg Dvorac Slavetić machen

Oben: In den Hügeln des Žumberak
Unten: Unser Platz im Camp Zagreb

wir halt, um das Panorama zu genießen. In Vranov Dol weist ein Schild darauf hin, dass ab hier Anhänger verboten sind. Ab Prilipje folgt dann eine Strecke, die wirklich nur für Leute ist, die superenge Wege mögen. In irrem Auf und Ab geht es sehr steil und kurvig durch die Hügel nach Samobor. Ab Braslovje wird der Weg entspannter und so rollen wir durch Samobor weiter Richtung 2 **Zagreb**.

Der entspanntere Grenzübertritt
Wenn ihr keine Lust auf die Hügel des Žumberak habt, könnt ihr ganz einfach von Slowenien kommend auf der Autobahn A2 bei Obrežje über die Grenze fahren.

Bevor wir die Stadt entdecken können, brauchen wir eine Bleibe und checken im Camp Zagreb ein. Der funktionale Campingplatz liegt etwas außerhalb an einem kleinen See. Wir entscheiden uns gegen die Premium-Plätze mit Stromanschluss und stellen uns auf die Zeltwiese am See. Es dauert nicht lange, bis uns eine schwarze Katze entdeckt, die auf der Wiese wohnt. Aus sicherer Entfernung werden wir beäugt, doch als wir sie locken, kommt sie vorsichtig angeschlichen. Und dann lässt sich das kleine struppige Ding so genussvoll von uns streicheln, dass sie den ganzen Abend bei uns bleibt. Am Morgen laufen wir zwei Kilometer zur Bahnstation Podsused Stajalište, von wo aus uns der Zug in zwanzig Minuten zum Hauptbahnhof von Zagreb bringt.

Oben links: Die Katze des Camp Zagreb genießt unsere Streicheleinheiten.
Oben rechts: Klassische Balkanküche Ćevapčići
Unten: Der Kunstpavillon Umjetnički paviljon

Camp Zagreb
Jezerska ul. 6, 10437 Rakitje, Tel. +385 1 3324567,
campzagreb.com
GPS: 45.802123, 15.826988

Das wienerische Zagreb

Kroatiens Hauptstadt liegt an der Save und gilt als Schnittpunkt zwischen Mittel- und Südeuropa. 1880 zerstörte ein schweres Erdbeben die Stadt, beim Wiederaufbau wurde Zagreb grundlegend modernisiert. Für das neue Stadtbild war der Architekt Hermann Bollé zuständig. Dass dieser in Wien studiert hatte, ist noch heute schwer zu übersehen. Mit frischem Gebäck vom Bahnhofsbäcker setzen wir uns an den Brunnen auf dem König-Tomislav-Platz und bewundern Zagrebs älteste Kunsthalle **Umjetnički paviljon**.

Vorbei am prächtigen kroatischen Nationaltheater spazieren wir zum Markt **Tržnica Dolac**. Hier verkaufen regionale Händler Blumen, Obst und Gemüse. Die roten Sonnenschirme der Stände geben ein großartiges Bild ab. Von dort sind es nur ein paar Schritte zur Kathedrale **Zagrebačka katedrala**. Sie gehört zu Kroatiens höchsten Gebäuden und ist der Stolz der Stadt. Unser Stadtspaziergang führt uns weiter durch den kleinen Park Opatovina hoch zur Oberstadt. Deren Fachwerkhäuser und enge Gassen stammen aus dem Mittelalter. In ihrer Mitte steht noch ein Wahrzeichen Kroatiens: **Crkva sv. Marka**, die St.-Markus-Kirche. Der romanische Bau aus dem 13. Jahrhundert wirkt viel bescheidener als die riesige Kathedrale. In das Ziegeldach der Kirche sind kunstvoll die Wappen Zagrebs und des alten Königreichs Kroatien und Slawonien eingearbeitet.

Nur drei Straßen weiter gibt es einen Ort, von dem ein toller Blick über Zagreb möglich sein soll. Dafür ist eigentlich der Aussichtspunkt Zagreb 360° in der Innenstadt die erste Touristen-Adresse. Das Observatorium **Zvjezdarnica Zagreb** (45.818776, 15.974907) kennt hingegen kaum jemand. Wir suchen eine ganze Weile, bis wir den unscheinbaren Eingang finden. Hier ist weit und breit kein Mensch, und erst ganz oben unterm Dach treffen wir schließlich auf Danijel. Der sitzt in einem kleinen Arbeitskabuff und schaut erschrocken zu uns hoch. Als wir nach der Aussichtsterrasse fragen, springt er auf, drückt uns lachend einen Schlüsselbund in die Hand und schickt uns eine steile Treppe hoch. Oberhalb der knarzenden Stufen liegt hinter einer schweren Schiebetür die Kuppel des Observatoriums, und es stimmt: Der Blick von dort über die Stadt ist wirklich fantastisch. Das Observatorium steht allen kostenlos offen, die sich für Astronomie interessieren, und in sternenklaren Nächten lässt sich mit dem Teleskop tief ins Weltall blicken.

Nach dem Observatorium schlendern wir die Ulica Ivana Tkalčića entlang durch Zagrebs Kneipenviertel und können uns vor lauter Essensangeboten kaum entscheiden. In einer Seitenstraße entdecken wir einen kleinen Laden, dessen Name schon verrät, was angeboten wird: Im La Štruk wird Kroatiens Nationalgericht, der **Štrukli**, in diversen Varianten von süß bis herzhaft frisch zubereitet. Dort lassen wir uns in einem winzigen grünen Hinterhof unsere Topfenstrudel schmecken.

Restaurant La Štruk
Skalinska ul. 5, 10000 Zagreb,
Tel. +385 1 4837701

Wir lassen uns weiter durch die Stadt treiben und landen schließlich im wunderschönen **Botanischen Garten**. Der liegt wie eine grüne Insel mitten in der Stadt. Dann stürzen wir uns wieder in den Stadtrummel. Wir stromern weiter durch die Straßen auf der Suche nach

Oben: Zagrebs Dolac-Markt mit seinen typischen roten Schirmen
Unten: Die grüne Oase des Botanischen Gartens

einer hübschen Kneipe. Die finden wir in einem Kulturzentrum nicht weit entfernt vom Bahnhof. Im Biergarten des **Beertija** sitzen wir zwischen Skulpturen von Jimi Hendrix, The Ramones und Amy Winehouse und können aus zweihundert Biersorten wählen.

Biergarten The Beertija
Ul. Pavla Hatza 16, 10000 Zagreb

Urlaub an der Save

Am Morgen darauf brechen wir nach dem Frühstück Richtung Osten auf. Doch statt der Autobahn nehmen wir lieber die Landstraße 3119 über die Dörfer entlang der Save. Kurz nach Prerovec tut sich in einer Flussbiegung eine hübsche Badestelle auf. Ein paar Autos parken auf der Wiese, und wir stellen uns dazu. Der Fluss fließt hier um einen kleinen Strand aus feinem Sand. Das finden wir so schön, dass wir beschließen, genau hier die Nacht zu verbringen. Und weil das Wetter am nächsten Tag wieder traumhaft ist, bleiben wir einfach noch eine weitere.

Unser Übernachtungsplatz am Flussstrand
GPS: 45.642821, 16.318430

Als wir uns schließlich von unserer schönen Badestelle trennen, hat der Weg nach Osten viel von einer Zeitreise. Wir fahren durch sanfte Hügellandschaften mit Feldern, Wiesen und Bauerndörfern voller Storchennester.

Das Monument für die Revolution

Unser Ziel heißt auf Serbokroatisch **3 Spomenik Revolucije Naroda Moslavine** (45.6408, 16.7777), und seine deutsche Übersetzung ist noch sperriger. Das »Denkmal für die Revolution der Einwohner von Moslavina« erinnert an den Partisanenkampf der Region Moslavina gegen das faschistische Ustascha-Regime. 900 getötete Partisanen wurden hier begraben. Das abstrakte Betongebilde ist nur eins von über hundert »Spomenik«, die im ganzen ehemaligen Jugoslawien verteilt zu finden sind. Sie dienten der Kommunistischen Partei von Josip Tito als wichtige Identifikationssymbole des sozialistischen Staatenbundes. Nach dessen Zerfall wurden viele der Monumente zerstört oder verfielen. Wir werden auf unserer Balkanreise immer wieder diesen Lost Places begegnen.

Oben: Das Denkmal für die Revolution der Einwohner von Moslavina
Unten: Die Steinerne Blume von Jasenovac

Die Steinerne Blume von Jasenovac

Je weiter wir nach Osten kommen, desto mehr verwandelt sich Kroatien vom Touristenziel in eine Landwirtschaftsregion. Slawonien wird von weiten Ebenen der Donau-Nebenflüsse Drau und Save bestimmt und gilt als Kornkammer des Landes. Auch die bekannten Trauben der Weißweine Kutjevo, Ilok und Đakovo wachsen hier. Die Dörfer wirken nun nicht mehr pittoresk. Viele Fachwerkbauernhäuser sind verfallen, und moderne Wohngebäude stehen daneben. Doch auch der Charakter unserer Reise hat sich verändert. Statt zu Naturschönheiten führt unser Weg zu einem weiteren Mahnmal der kroatischen Geschichte.

Im Gegensatz zu den meisten anderen Spomenik wurde die 4 **Steinerne Blume von Jasenovac** niemals aufgegeben (45.276755, 16.921559). In den Auen der Save erinnert die riesige Skulptur an Zehntausende Serben, Juden, Roma und politische Gegner, die bis 1945 von der kroatischen Ustascha im Vernichtungslager Jasenovac ermordet wurden. Wir verbringen viel Zeit auf dem großen Areal und im Museum der Gedenkstätte und übernachten schließlich auf dem Parkplatz. Als wir weiterfahren, wird Kroatiens jüngere Geschichte zunehmend präsent. In den Straßendörfern entlang der schnurgeraden Landstraße zeugen leere Ruinen und Einschusslöcher im Häuserputz davon, dass dieser Teil Slawoniens im Kroatienkrieg von 1991 bis 1995 schwer umkämpft war.

Wunden des Krieges

Bis wir 5 **Osijek** auf den Landstraßen 51 und 2 erreichen, hat sich die Ebene zur urbanen Landschaft gewandelt. In Kroatiens viertgrößter Stadt machen wir nur kurz halt, um ein Denkmal zu besuchen. **Crveni fićo** liegt an einer belebten Straßenkreuzung (45.5547, 18.6958) und wirkt zunächst recht seltsam. Ein kleines rotes Auto steht auf einem Panzer. Die Installation erinnert an einen in Kroatien legendären Akt des Widerstands im kroatischen Unabhängigkeitskrieg.

Der rote Fićo
Die ganze Geschichte vom roten Zastava 750, der in Kroatien den Spitznamen Fićo trägt, könnt ihr auf folgender Website erfahren:
atlasobscura.com/places/the-red-fico-osijek-croatia

Von Osijek ist es nur ein kurzes Stück nach 6 **Vukovar**. Dass dieser Name auch in Westeuropa sehr bekannt ist, hat einen schlimmen Hintergrund. 1991 belagerte die Jugoslawische Volksarmee die Stadt und zerstörte Vukovar durch Artilleriebeschuss fast vollständig. Als die serbischen Truppen nach 87 Tagen

Oben: Am Ende gewinnt der kleine Fićo.
Unten: Das Barockschloss Dvorac Eltz in Vukovar

20442

einmarschierten, richteten sie ein Massaker an der Zivilbevölkerung an. 255 Menschen aus dem Krankenhaus von Vukovar wurden zusammengetrieben und erschossen. Eine unscheinbare Stele vor der Stadt erinnert an diesen Massenmord. Ein anderes Symbol des Krieges überragt hingegen die ganze Stadt. Der **Wasserturm von Vukovar** (45.344, 19.0122) wurde während der serbischen Belagerung von 640 Granaten getroffen und stürzte dennoch nicht ein. Die zerschossene Ruine blieb als Mahnmal stehen und ist heute zum Museum ausgebaut. In der sehenswerten Ausstellung wird die Schlacht um Vukovar mit vielen Zeitzeugenberichten aufgearbeitet.

Um den ganzen Kriegseindrücken etwas Positives entgegenzusetzen, fahren wir vom Turm hinunter an die Save. Dort ist im Barockschloss **Dvorac Eltz** (Schloss Eltz) das Stadtmuseum von Vukovar untergebracht. Wir spazieren durch den kleinen Uferpark und werfen einen Blick ins Museum, bevor wir uns auf den Weg zur Grenze nach Bosnien-Herzegowina machen.

Doch uns bleibt noch eine Nacht in Kroatien. Kurz vor der Grenze führt in einer Save-Schleife bei Županja eine kurze Schotterpiste über den Deich. Dahinter liegt eine öffentliche Badestelle mit Grillplatz und Volleyballfeld. Selbst kalte Duschen gibt es.

Erinnert an einen blutigen Krieg: der zerschossene Wasserturm von Vukovar.

Wir würden am liebsten unter den Bäumen am Flussufer stehen, sind uns aber nicht ganz sicher, ob das in Ordnung wäre. Da hier ein Polizist das Grenzufer bewacht, fragen wir einfach nach. »No, that is impossible!«, lautet seine Antwort. Und er fügt hinzu, die Wiese sei wirklich ziemlich rutschig. Als wir ihm von unserem 4×4-Bus erzählen, korrigiert er sich: »Then of course it is no problem. I will protect you overnight.« So viel also zu Kroatiens Campingverbot. Und nach einer absolut ruhigen Nacht rollen wir am nächsten Morgen ganz gemütlich zur nahen Grenzstation …

Unser Übernachtungsplatz an der Save
GPS: 45.06365, 18.66994

Hinter den Mauern von Dubrovnik

… Als wir knapp vier Monate später ganz im Südosten erneut nach Kroatien kommen, könnte der Kontrast zur ländlichen Gegend im Norden kaum größer sein. An Dalmatiens felsiger Küste drängeln sich im Sommer die Touristen, und freies Stehen ist nicht nur unerwünscht, sondern ausdrücklich verboten. Zum Glück sind wir im Oktober hier, was die Lage etwas entspannt. Doch bei unserem ersten Ziel haben wir trotzdem ein Platzproblem. Den Touristen-Hotspot 7 **Dubrovnik** würden wir uns gerne etwas genauer ansehen, aber im Stadtgebiet lässt sich nicht im Auto übernachten, und alle Plätze in der Umgebung sind uns viel zu weit entfernt. Wir entscheiden uns deshalb für zwei Nächte in einer Ferienwohnung. Die liegt am steilen Hang fußläufig zur Altstadt und hat einen Wahnsinnsblick auf die alten Festungsmauern. So haben wir die perfekte Homebase für unsere Streifzüge in die Stadt, die als eine der schönsten an der Adria gilt. Kleiner Spoiler: Ja, das stimmt.

Ferienwohnung Studio Maro
Gornji Kono 16, 20000 Dubrovnik,
Tel. +385 20 638194, booking.com/hotel/hr/studio-maro-dubrovnik.de.html
GPS: 42.644704, 18.108596

Dubrovnik war in der Antike illyrisch und hieß Ragusa. Nachdem ein schweres Erdbeben Ragusa 1667 bis auf die Stadtmauern fast komplett zerstörte, erfolgte der Wiederaufbau in einem einheitlichen, sehr schlichten Barockstil, der den heutigen Charme der Altstadt ausmacht. Dem erliegen pro Jahr etwa 1,5 Millionen Besucher, damit ist Dubrovnik der meistbesuchte Ort in Kroatien. Am beliebtesten ist wohl ein Spaziergang auf den 25 Meter hohen Stadtmauern, die fast zwei Kilometer um die gesamte Altstadt führen. Sie sind bis zu sechs Meter dick und gehören mit ihren Türmen zu den am besten erhaltenen Stadtwehranlagen Europas. Unten gewähren mächtige Tore Einlass in die Stadt, in der sich die steinernen Häuser aneinanderdrängen. Enge Gassen voller Cafés und Restaurants öffnen sich zu kleinen Plätzen und zur Hauptpromenade, dem **Stradun**. Zahllose Treppen verbinden die Sehenswürdigkeiten: Kirchen, Klöster und den Rektorenpalast. Wir kommen an jeder Ecke neu ins Staunen, dass das hier real ist und keine Filmkulisse. Wobei: Wer die Fantasy-Serie »Game of Thrones« gesehen hat, wird viele Szenenbilder aus Königsmund entdecken. Es werden sogar Stadtführungen angeboten und Hardcore-Fans trinken »Shame Mojito« dazu.

Wir spazieren zur **Festung Lovrijenac** auf einem Felsen vor der Stadt, von wo der Blick auf Dubrovnik und den Hafen fantastisch ist. Zwischen Stadt und Festung liegt ein kleiner Steinstrand mit Bootsanleger, Café und Kajak-Verleih. Wir setzen uns unter der Stadtmauer und genießen den Sonnenuntergang. Wer möchte, findet im Stadthafen gegenüber diverse Anbieter von Sunset Cruises und kann von dort auch Bootstouren zu den Höhlen an der Küste starten. Wir sind uns einig, dass Dubrovnik etwas mit Venedig gemein hat: Trotz der Touristenmassen (die im Oktober eigentlich ganz überschaubar sind) hat diese Stadt so viel einzigartigen Charme, dass wir einen Besuch unbedingt empfehlen.

Oben: Dubrovniks Altstadt ist wirklich so schön, wie alle sagen.
Unten links: Markt in den Gassen von Dubrovnik
Unten rechts: Cocktail für Fantasy-Fans

2 go
ALL
7.9€
COCKTAILS
Mojito 60
Shame mojito 60
Teauilla sunrise 60
Cuba libre 60
Blue lagoon 60
Gin fizz 60
Sexonthebeach 60
Shame cocktail 60
Aperol spritz 60
Hugo...... 60

Aussicht und Geschichte auf dem Srđ
Wenn ihr Dubrovnik aus der Vogelperspektive erleben wollt, empfiehlt sich eine Fahrt per Seilbahn auf den Hausberg Srđ (42.642971, 18.111655, dubrovnikcablecar.com). Dort oben ist die Aussicht toll, und ihr könnt auch viel über Dubrovniks jüngere Geschichte erfahren. Im Muzej Domovinskog rata Dubrovnik im alten Fort Imperial (42.649957, 18.110726; mdrd.hr) wird vom Kroatienkrieg und der neun Monate dauernden Belagerung durch serbische Truppen erzählt.

Über Pelješac auf die Insel Korčula

Auf der Fahrt nach Norden trödeln wir auf der Straße 8 die Küste entlang und halten alle naselang an, um die Aussicht zu bewundern. Wir biegen auf die Straße 414 zur Halbinsel Pelješac ab und fahren am hübschen Städtchen **Ston** vorbei durch grüne Weinberge und über einen Bergpass mit grandioser Aussicht zur Autofähre in Orebić (42.973859, 17.176425). Die bringt uns auf die Insel Korčula, an deren westlichstem Ende das kleine Hafenstädtchen **8** **Vela Luka** liegt. Von dort werden wir morgen mit der Fähre nach Split fahren. Heute haben wir noch Zeit, die Höhle Vela Spila zu besuchen, die in den Hügeln über der Stadt liegt. Schon in der Steinzeit, als die dalmatinischen Inseln noch Berge in einer weiten Ebene waren, lebten in dieser Höhle bereits Menschen.

Oben: Die Grotte Vela Spila
Unten: Aussicht auf das Hafenstädtchen Vela Luka

Unser Übernachtungsplatz am Militärgebiet
Die Nacht verbringen wir kurzerhand am Rande eines Militärgebiets. Wir haben an der Pforte gefragt, ob wir eine Nacht bleiben dürfen.
GPS: 42.985323, 16.653987

Alternativroute nach Split
Wenn ihr lieber auf der Küstenstraße über die schöne Makarska Riviera nach Split fahren wollt, solltet ihr einen Abstecher zum Biokovo-Naturpark ins Auge fassen. In dem Karstgebirge gibt es schöne Wanderwege zu versteckten Grotten, Höhlen und Dolinen. Vom Berghaus Pod Sv. Jurom unterhalb des Gipfels Sveti Jure lässt sich bei gutem Wetter bis nach Italien schauen.

Frühstück in Split

Als wir in Vela Luka in den Bauch der Fähre rollen, ist es noch finster. Unser Frühstart hat den Vorteil, dass wir schon vormittags in Split einlaufen. Im Vergleich zu Dubrovnik ist **9** **Split** zwar weniger spektakulär, aber trotzdem sehr sehenswert. Viele Bauten stammen noch aus römischer Zeit, und die gesamte Altstadt ist UNESCO-Welterbe. Wir schlendern an der Statue des Gregor von Nin vorbei, und durch das imposante Goldene Tor kommen wir zum **Diokletianpalast** aus dem 4. Jahrhundert. Von **Sveti Duje**, der Kathedrale des heiligen Domnius, ist es nicht weit zur palmengesäumten Uferpromenade, und für uns wird es Zeit für ein zweites Frühstück. Anstatt für eines der einladenden Restaurants in der Innenstadt entscheiden wir uns für Essen auf die Hand: Wir kaufen süßen Strudel in der Bäckereikette Bobis direkt an der Promenade und genießen beim Verzehr den Blick auf das Meer und die schaukelnden Boote im Hafen.

Nachdem wir uns von Split verabschiedet haben, rollen wir weiter die wunderschöne Küste auf der Straße D8 entlang und biegen bei **Trogir** in die Berge ab. Die Landstraße D58 führt uns zur Bucht von Morinje, wo wir hinter Jadrtovac einen idyllischen Übernachtungsplatz unter Bäumen finden. Am nächsten Tag ist es von dort nicht weit zu einem weltbekannten Naturwunder Kroatiens.

Unser Übernachtungsplatz bei Jadrtovac
GPS: 43.670250, 15.944510

Rauschendes Wasser im Nationalpark Krka

Vom Besucherzentrum des 10 **Nationalpark Krka** geht es nur zu Fuß oder per Shuttlebus die Serpentinen hinab ins Tal. Über sieben große und Hunderte kleine Wasserfälle fließt die Krka durch eine atemberaubend schöne Flusslandschaft. Libellen schwirren über unzähligen kleinen Wasserbecken, in deren glasklarem Wasser Forellen stehen. Durch dieses Naturidyll verläuft ein knapp zwei Kilometer langer Naturlehrpfad, der uns auf Infotafeln viele Besonderheiten der Landschaft erklärt.

Am größten Wasserfall **Skradinski Buk**, der über 17 Kaskadenstufen 45 Meter in die Tiefe schäumt, machen wir Pause. Hier sammeln sich die Besucher an zahlreichen Imbissen und Restaurants. Früher konnte im Becken unterhalb des Falles gebadet werden, doch seit 2021 ist das verboten – angesichts von Hunderttausenden Besuchern in jedem Jahr verständlich. Auch jetzt im Oktober ist ordentlich Betrieb, doch die Größe des Besucherparkplatzes lässt erahnen, was hier im Sommer los sein dürfte. Dennoch würden wir jederzeit wieder herkommen (npkrka.hr/en_US/posjeti; 43.795918, 15.968316), in der

Oben: Wer mit der Fähre ankommt, hat einen Panoramablick auf Split.
Unten links: Die Wasserfälle Skradinski buk im Krka Nationalpark
Unten rechts: Unser Platz bei Jadrtovac ist idyllisch, aber wegen einer nahen Straße nicht ganz leise.

JADROLINIJA

Hauptsaison aber empfehlen wir, bereits sehr früh zu starten.

Sehenswertes im Nationalpark
Wer etwas mehr Zeit hat, kann im Nationalpark auch Ruinen der Festung Kamičak, das Kloster Krka und die Oziđana-Höhle entdecken.

Von den Wasserfällen wollen wir zurück zur Küste. Auf dem Weg nach Zadar über die Autobahn E71 machen wir am **Novigradsko more**, dem Novigrader Meer, halt. An dessen Felsenufer finden wir einen zwar ziemlich schiefen, aber wunderschönen Schlafplatz mit grandioser Aussicht über die Bucht.

Unser Übernachtungsplatz am Novigrader Meer
GPS: 44.19626, 15.48730

Zadar ist sehr entspannt

Die Altstadt von 11 **Zadar** liegt auf einer schmalen Halbinsel, und hier vermischen sich historische Bauten vieler Epochen. Wir parken in der Neustadt und spazieren zum Stadttor **Porta Terraferma**, dessen Eingang Venedigs Markuslöwe schmückt. Wir bummeln durch die kleinen Läden in den hübschen Gassen und suchen uns eines der netten Cafés aus. Dann führt unser Weg weiter zur **Crkva sv. Donata**, die auf den Mauern eines römischen Forums erbaut ist. Von dort geht es zur Seepromenade mit der Meeresorgel, die nur leise Seufzer hören lässt. Dahinter liegt der »Sonnengruß«, eine weitere Installation des Architekten Nikola Bašić. Wir biegen zur **Katedrala sv. Stošije** ab und besuchen noch die Römische Säule am Petra-Zoranića-Platz.

Oben: Unser Spot am Novigrader Meer war zwar ziemlich schief, aber dennoch traumhaft schön.
Unten: Der Petra-Zoranića-Platz in Zadar

Nach ein paar Stunden voller Sehenswürdigkeiten machen wir uns auf den Rückweg, wären aber gerne länger geblieben. Denn Zadar ist nicht nur äußerst hübsch, sondern auch weniger touristisch als die Städte Split und Dubrovnik. In der Altstadt herrscht hier noch normales Alltagsleben, was der Stadt eine sehr natürliche Atmosphäre gibt.

Bootstour zu den Kornaten
Wenn ihr im Sommer in Zadar seid, solltet ihr euch Zeit für eine Bootstour zu den Kornaten nehmen. Das ist ein Archipel aus 89 Inseln und Riffen vor der Küste Dalmatiens und ein absolutes Paradies zum Schnorcheln und Tauchen. Zahlreiche Anbieter (z. B. zadar-archipelago.com) fahren im Sommer von Zadar aus zu den Inseln, Infos gibt es an diversen Ständen auf der Promenade.

Im Anschluss an unseren Stadtbesuch fahren wir auf die Autobahn E71 und durch kilometerlange Tunnel unter den Bergen des Velebit hindurch. Bei Gornja Ploča, wo der schroffe Felsen Zir aus der Ebene ragt, biegen wir auf die Landstraßen D522 und D1 ab. Hier oben hat der Herbst schon die Wälder an den Berghängen rot und gelb gefärbt. Da die Campingplätze im Nationalpark der Plitvicer Seen für diese Saison längst geschlossen sind, verziehen wir uns zum Schlafen in die Berge. Dort finden wir einen perfekten Camping-Spot bei einem verlassenen Haus. In dieser Nacht sitzen wir noch lange vor dem Bus und genießen die Stille. Die ist hier so absolut, dass wir unseren eigenen Herzschlag zu hören meinen.

Am nächsten Morgen sind wir früh auf und die Täler unter uns im Nebelmeer versunken. Bis sich der Nebel lichtet, haben wir schon den Eingang zum Nationalpark erreicht.

Unser einsamer Übernachtungsplatz
GPS: 44.76780, 15.64785

Die bezaubernden Plitvicer Seen

Die 12 **Plitvička jezera** sind Kroatiens größter, ältester und bekanntester Nationalpark. Fast eine Million Besucher kommen jedes Jahr, um 16 Seen zu sehen, die über 90 Wasserfälle und unzählige Kaskadenbecken miteinander verbunden sind. Das Zusammenspiel von Wasser und Kalk hat hier in Jahrtausenden eine filigrane Landschaft erschaffen, die weltweit einzigartig ist. In komplizierten chemischen Prozessen bildeten sich Barrieren aus Travertin, die das Wasser in moosbewachsenen Becken stauen. All das ist üppig überwuchert und Lebensraum zahlreicher geschützter Tiere und endemischer Pflanzen. Überall rauscht und plätschert es, und die Landschaft ist ein Traum in Türkis und Grün. Wir hätten uns nicht vorstellen können, dass die Natur so ein magisches Wasserwunderland erschaffen kann. Das klingt pathetisch, aber trifft den Punkt.

Unser Rundwanderweg durch das große Gebiet ist ziemlich lang, denn wir versuchen, an einem Tag so viel wie möglich zu sehen. Um unsere große Tour zu schaffen, kürzen wir zweimal mit den Shuttlebussen ab und fahren mit der Fähre über den See Kozjak. Im Restaurant am Fähranleger machen wir Mittagspause. Als wir viele Stunden später von einem riesigen Unimog zu unserem Parkplatz zurückchauffiert werden, sind wir wirklich platt von so viel Schönheit und der anstrengenden Tour (np-plitvicka-jezera.hr/de; 44.882522, 15.622971).

Oben links: Der »Sonnengruß« ist eine Installation des Architekten Nikola Bašić.
Oben rechts: Die Wasserfälle der Plitvicer Seen sind unbeschreiblich schön.
Unten: Wanderweg entlang der Plitvicer Seen

Nationalpark Plitvicer Seen
Für die Seen kann man gut und gern zwei Tage einplanen, denn das Gebiet ist riesig. Die Eintrittspreise sind recht hoch, aber beinhalten alle nötigen Shuttlebus- und Fährfahrten. An welchem der beiden Eingänge ihr startet, ist nicht so wichtig, denn von beiden lassen sich problemlos Rundkurse durch den Park machen. Am besten fragt ihr beim Ticketkauf nach der kostenlosen Info-Karte, die es nur dort gibt. Es empfiehlt sich, morgens möglichst früh aufzubrechen, um den Menschenmassen auszuweichen.

Zur Flugzeugkaverne Željava

Als Kontrastprogramm zum Touristen-Highlight besuchen wir am nächsten Tag einen eher unbekannten Ort. Nur zehn Kilometer von den Seen entfernt liegt hinter dem Dorf Ličko Petrovo Selo ein ehemals geheimer Militärflugplatz, dessen Hangars tief im Fels versteckt sind. Der Bunkerkomplex der 13 **Flugzeugkaverne Željava** (44.836760, 15.757291) war einst Europas größter seiner Art. Als die jugoslawische Armee 1991 von dort abzog, wurden die Tunnel gesprengt. Wir suchen eine Weile, bis wir den richtigen Weg entdecken. An der Zufahrt zu den Bunkern steht das Wrack einer Douglas C-47, das komplett mit Aufklebern bedeckt ist. Sie zeugen davon, dass Željava ein beliebter Biker-Treffpunkt ist, und tatsächlich brausen mehrere Maschinen an uns vorbei, als wir die Bunkereingänge erreichen. Wir drehen mit dem Bus eine Runde im ersten dunklen Tunnel und erkunden dann mit Taschenlampen die gruselige Location. Allzu weit hinein trauen wir uns aber nicht, denn der Ort ist nicht ganz ungefährlich – Teile der Innenbereiche sollen immer noch mit PCB kontaminiert sein.

Oben: Eine der drei Einfahrten zur verfallenen Flugzeugkaverne Željava.
Unten: Das Wrack einer Douglas C47 in der Nähe der Flugzeugkaverne Željava

Willkommen in der Kvarner Bucht

Nach dieser spannenden Exkursion machen wir uns auf den Rückweg zur Autobahn E1. Kurz vor Vranovača biegen wir auf die D52 ab und fahren immer weiter Richtung Küste. In Senj parken wir an der Promenade (44.989745, 14.899774) und genießen bei einem Eis den schönen Ausblick auf die Kvarner Bucht. Die ist ganz besonders bei Deutschen beliebt, denn sie ist mit ihren zahlreichen Inseln recht schnell per Auto zu erreichen. Dann machen wir uns zur **Festung Nehaj** auf, die auf einem Hügel über dem Meer thront. Anschließend geht es auf der Küstenstraße E65 gen Süden.

Wir fahren einen Campingplatz an, doch der hat für dieses Jahr schon zu. Also beschließen wir, für die nächsten Tage in einer kleinen Pension im Dörfchen **Sveti Juraj** einzuchecken. Die liegt sehr romantisch direkt am kleinen Segelhafen, und wir bekommen dort ein Zimmer mit Meerblick und Balkon. Zum Abendessen sitzen wir auf der Restaurantterrasse am Wasser und sehen die Sonne hinter der kleinen Insel Otočić Lisac im Meer versinken. Dazu gibt es ganz ausgezeichneten Fisch und köstliche gegrillte Calamari.

Restaurant & Pension Konuba Mul
Nade Babić 2, 53284 Sveti Juraj,
Tel. +385 91 6198329, restaurantguru.com/Konoba-MUL-Sveti-Juraj
GPS: 44.930503, 14.920424

Auf dem Premužić-Trail durch den wilden Karst

Am nächsten Tag brechen wir früh zu einer Wanderung auf, die zu den berühmtesten der Gegend gehört. Der 14 **Premužić-Trail** führt als Mehrtagestour durch die Karstlandschaft des nördlichen Velebit-Gebirges. Ein Stück davon wollen wir gehen. Von Sveti Juraj fahren wir Richtung Krasno Polje auf einer kleinen Straße in die Berge und biegen auf halber Strecke zur Berghütte Zavižan ab. Dort stellen wir den Bus auf einen großen Wanderparkplatz (44.813764, 14.978538) und marschieren los. Der Trail führt uns durch unglaublich vielseitige Landschaft. Wir wandern auf breiten Wegen durch Bergwiesen voller Blumen und Schmetterlinge, an Dolinen vorbei und auf Trockenmauerwegen zwischen schroffen Kalksteinfelsen. Diese Wanderung gehört zu den schönsten unserer gesamten Reise. Festes Schuhwerk ist auf dem Weg übrigens Pflicht, doch die Höhenunterschiede sind auch für wenig geübte Wanderer gut machbar.

Wander-Infos zum Premužić-Trail
Wenn ihr den Premužić-Trail noch weiter gehen wollt, findet ihr alle Infos zu den verschiedenen Einstiegspunkten und Hütten unter folgendem Link: services.alpenverein.de/dav-services/panorama-magazin/auf-dem-premuzic-trail_aid_35383.htmlj
Weitere Infos und Karten zum Nord-Velebit: kroati.de/kroatien-infos/nationalpark-nord-velebit.html

Auf den ehemaligen Gefängnisinseln

Am darauffolgenden Morgen sind es von unserer Pension nur ein paar Schritte zum Pier in Sveti Juraj. Von dort bringt uns ein Schiff an einen Ort, der so gar nicht unseren Vorstellungen vom kroatischen Urlaubsparadies inmitten schöner Insellandschaft entspricht.

Oben links und rechts: Auf dem Premužić-Trail
Unten: Ein typischer Trockenmauerweg auf dem Trail

Die kleinen Inseln 15 **Sveti Grgur** und **Goli Otok** liegen nicht weit entfernt von ihren bekannten Schwestern Rab und Krk. Von 1948 bis 1988 wurden hier vom Tito-Regime in zwei Gefangenenlagern Tausende Menschen eingesperrt, gefoltert und getötet. Auf Goli Otok waren Männer interniert, auf Sveti Grgur Frauen. Dieser Teil der Geschichte Jugoslawiens war uns komplett unbekannt, und wir lernen viel während des Besuchs. Da es vor Ort kaum Informationen über die Inseln gibt, hilft uns ein Online-Geschichtsführer. Die Website goli-otok.net entstand aus einem Projekt der Friedrich-Ebert-Stiftung.

Infos rund um die Überfahrt
Mehrere Veranstalter bieten Überfahrten von unterschiedlichen Abfahrtsorten an, neben Sveti Juraj z. B. auch von den Inseln Rab und Krk. Da die Angebote saisonal stark variieren, ist es am besten, sich vor Ort zu informieren. Auf Goli Otok könnt ihr an geführten Touren teilnehmen oder die Areale auf eigene Faust erkunden.

Hinter dem idyllischen Schein verbirgt sich die traurige Geschichte der Gefängnisinsel Goli Otok.

Auf der schönen Insel Krk

Nach zwei Nächten in der Pension haben wir Sehnsucht nach unserem Gefährt und ziehen wieder in den Bus. Der bringt uns auf der E65 Richtung Norden, und bei Kraljevica fahren wir über die hohen Brückenbögen der **Krčki most** auf die Insel Krk. Unser erstes Ziel ist das Städtchen **Omišalj**, das auf einem Felsen 80 Meter über dem Meer liegt. Die mittelalterlichen Gassen sind einen Besuch wert, und unterhalb der Stadt gibt es Strände und einen hübschen Hafen.

Um ins Städtchen 16 **Krk** zu kommen, überqueren wir auf der Straße 102 die kleine Insel. Wir parken am Busbahnhof (45.023327, 14.569967) und schlendern über die Promenade des Jachthafens zur Altstadt. Als vor uns die Stadtmauern aufragen, verstehen wir, warum dieser Ort so viele Touristen anzieht. Hinter dem Stadttor tauchen wir in eine charmante Welt aus alten Häusern, engen Gassen und schattigen Plätzen ein, in der zahlreiche Restaurants und Cafés zum Verweilen locken. Wir spazieren zur **Katedrala Uznesenja Marijina**, der Kathedrale der Jungfrau Maria, und zum **Frankopanski Kaštel**, dem Kastell der Familie Frankopan. Dahinter liegt ein kleiner Park, von wo wir einen schönen Ausblick aufs Meer haben. Wir suchen uns das Restaurant Zrinski aus und genießen auf der Terrasse köstlichen Fisch und ausgezeichnete Meeresfrüchte. Danach nehmen wir Abschied vom schönen Krk. Diese kleine Stadt ist definitiv einen Besuch wert.

Restaurant Zrinski
Trg svetog Kvirina 1, 51500 Krk
GPS: 45.025831, 14.575472

Wandern im Naturpark Učka
Der Aufstieg zum Gipfel des Vojak ist zwar die bekannteste Wanderung im Naturpark Učka, aber längst nicht die einzige. Im Besucherzentrum könnt ihr Tipps und Wanderkarten zu den unterschiedlichen Routen und Wegen bekommen.

Hoch über Istrien – der Naturpark Učka

Die Straße 102 bringt uns wieder zurück zum Festland, und wir biegen auf die Autobahn A7 nach Westen ab. Um die Hafenstadt Rijeka fahren wir auf der E61 herum, dann breitet sich vor uns die Halbinsel Istrien aus. Statt zur Küste fahren wir auf der Landstraße 5047 in den 17 **Naturpark Učka** (pp-ucka.hr/en; 45.309350, 14.214883). Doch bis sich unser Bus den steilen Weg zum Besucherzentrum hochgequält hat, ist es schon viel zu spät, um noch zum Gipfel des Vojak aufzusteigen. Dort steht ein alter steinerner Turm, von dem man ganz Istrien überblicken kann. Unsere Nachfrage ergibt, dass wir im Naturpark nicht übernachten dürfen. Also müssen wir unsere Gipfeltour auf ein anderes Mal verschieben und schweren Herzens wieder runterfahren. Aber es bleibt noch Zeit für eine andere Landschaftsattraktion an der Straße D500: Auf einem Naturlehrpfad wandern wir zum Aussichtspunkt der Schlucht **Vela Draga**. In diesem Canyon ragen hundert Meter hohe Kalksäulen in den Himmel, an dem man mit etwas Glück Alpensegler und Steinadler entdecken kann.

Mit unserem Übernachtungsplatz entdecken wir schließlich noch ein echtes Kleinod. Mitten im Wald auf einem Hügel liegt die Burg **Utvrda Possert** (45.273994, 14.103472). Diese Ruine ist liebevoll restauriert, und ihr Turm steht allen Besuchern offen. Außer uns verirrt sich an diesem Abend niemand hierher, und so haben wir zum Sonnenuntergang die ganze Burg für uns.

In der Ruinenstadt Dvigrad

Als wir am nächsten Tag über die Autobahn A8 weiter nach Süden fahren, machen wir einen kurzen Umweg zur 18 **Ruinenstadt Dvigrad** (45.127002, 13.811765). Diese Stadtfestung wurde im Jahr 1631 verlassen, verfiel langsam und wurde fast vergessen. Doch seit einigen Jahren wird der Ort behutsam restauriert und zeigt sich erstaunlich gut erhalten. Wir spazieren durch die Ruinengassen zur

Oben: Felsige Badestelle auf der Insel Krk
Unten: Die Felsenfinger der Schlucht Vela Draga im Naturpark Učka

alten Kirche **Crkva Sv. Sofije** und malen uns aus, wie hier vor fast vierhundert Jahren gerade Markttag war.

An den Felsenstränden des Kap Kamenjak

Fünfzig Kilometer weiter südlich ist Istrien zu Ende. Das felsige 19 **Kap Kamenjak** an der Südspitze der Halbinsel ist ein wahres Naturparadies und streng geschützt. Um dorthin zu kommen, müssen wir durch das Örtchen **Premantura**. Früher mal ein Fischerdorf, hat es sich längst zum Touristenzentrum gewandelt. Jetzt, im Oktober, ist wenig los, aber im Sommer wird es hier sicher mächtig voll. Was uns nicht weiter wundert, denn die Gegend um das Kap ist wunderschön.

Nach der kostenpflichtigen Einfahrt in den Naturpark rumpeln wir auf sandiger Wellblechpiste durch den Pinienwald Richtung Kap. Links und rechts führen kurze Wege zu kleinen Parkplätzen unter den Bäumen. Das wirkt überraschend ursprünglich und wenig touristisch. Zu Fuß erkunden wir die winzigen Badebuchten und sind völlig hin und weg von der Felsenküste – genauso haben wir uns Kroatiens Meer immer vorgestellt. Krönender Abschluss des Tages ist das Kap selbst. Einer steilen Klippe sind ausgespülte Felsformationen vorgelagert, über die wir bis hinab zum Wasser kraxeln. Wie wild Kroatien doch sein kann!

Für die Nacht kommen wir auf einem Campingplatz in der Nähe unter, aber für eine Empfehlung taugt dieser nicht so recht.

Naturschutzgebiet Kap Kamenjak
Die Sandpisten im Naturpark sind zwar holprig und manchmal ausgewaschen, doch mit etwas Umsicht für jeden normalen Van befahrbar. Bedenkt aber, dass das Übernachten im Park streng verboten ist. Ein- und Ausfahrt werden an den Zufahrtsschranken per Kennzeichen-Scan kontrolliert. Das Kap und seine Buchten lassen sich auch prima zu Fuß oder per Rad entdecken. Am Besucherparkplatz können Fahrräder und Elektrobikes gemietet werden.
GPS: 44.797612, 13.906495

Die einstige Römerstadt Pula

Am Nachmittag geht es dann weiter nach 20 **Pula**. Manche Häuser hier sind etwas heruntergekommen, was der Stadt einen ganz besonderen Charme verleiht. Am bekanntesten ist Pula aber für seine römische Architektur. Das römische **Amphitheater** ist das Wahrzeichen der Stadt und leuchtet golden, als wir es zu Fuß umrunden. Am Platz der Republik steht der über zweitausend Jahre alte

Oben: Die wilden Strände des Kap Kamenjak solltet ihr unbedingt besuchen.
Unten links und rechts: Der Sergierbogen und das römische Amphitheater in Pula

Augustus-Tempel **Augustov Hram**. Damals hieß Pula noch Colonia Pietas Iulia Pola und war römische Kolonie. Hier sind dann auch ein paar Touristen unterwegs, es gibt Bars und einladende Restaurants. Nach einem Spaziergang durch die hübschen Gassen stehen wir vor einem weiteren prunkvollen Bau aus der Römerzeit. **Slavoluk Sergijevaca**, der Sergierbogen, wurde 30 v. Chr. von der Beamtenfamilie Sergia erbaut.

Da es inzwischen dunkel ist, fahren wir nur ein kurzes Stück zurück zur Marina. Bei den Segelbooten parken wir auf einer Wiese und verbringen als unscheinbare Stealth Camper eine ungestörte Nacht.

Die hübsche Altstadt von Rovinj

Kleine Perle Rovinj

Als wir am darauffolgenden Tag über die Landstraße 5096 ins Städtchen 21 **Rovinj** kommen, ist dort schon etwas mehr los. Wir parken am Segelhafen, was in der Nebensaison problemlos geht. Auf dem Gemüsemarkt bringen uns bergeweise Pilze in Versuchung, doch wollen wir uns die lieber selbst suchen. Den Eingang in die Altstadt bildet die **Porta Balbi**, deren Relief mit geflügelten Wappenlöwen der Venezianischen Republik geschmückt ist. Bei der Schönheit kroatischer Küstenstädte lässt sich leicht der Überblick verlieren, doch die Altstadt von Rovinj ist tatsächlich besonders verzaubernd. Auf einem Hügel drängen sich mit Wein bewachsene, schiefe Häuser um die mächtige Barockkirche **Santa Eufemia**, zu der wir durch enge Gassen über altes Kopfsteinpflaster hinaufsteigen. Nach dem Besuch der Kirche wandern wir zum Fähranleger, denn von dort ist der Blick auf die Altstadt und den sechzig Meter hohen Kirchturm am beeindruckendsten.

Abstecher zum Goldenen Kap
Wenn ihr für die Gegend um Rovinj etwas mehr Zeit habt, könnt ihr Zlatni rt, das Goldene Kap, besuchen. Auf der kleinen Halbinsel südlich von Rovinj liegt ein über hundert Jahre alter Waldpark.
GPS: 45.068598, 13.627587

Auf den Felsen am Limski-Kanal

Nach so vielen urbanen Eindrücken suchen wir etwas mehr Abgeschiedenheit. Die finden wir hinter Rovinjsko Selo nach einer Fahrt über die Landtraße D303 und drei Kilometer Schotterpiste. Mitten im Buschwald versteckt sich dort das **Pònta dei Frati** (Franziskanerkap), von dessen 80 Meter hohen Felsen wir den Meeresarm 22 **Limski zaljev** entlangblicken können. Der Limski-Kanal zieht sich zehn Kilometer nach Westen ins Landesinnere und war einst ein Flusstal, das im Meer unterging. Weil es dort so schön einsam ist, bleiben wir nach einem wunderschönen Sonnenuntergang gleich über Nacht stehen (45.131304, 13.699849).

Bei den Grottenolmen von Jama Baredine

Am Morgen machen wir uns ausgeschlafen auf den Weg zurück zur Autobahn A9 und zum letzten Etappenziel in Kroatien, der Tropfsteinhöhle 23 **Jama Baredine**. Über steile Stiegen klettern wir 60 Meter in die Tiefe und bewundern Hallen und Säle voller Stalaktiten, Stalagmiten und Tropfsteinskulpturen, die sich hier in Jahrtausenden gebildet haben. Am tiefsten Punkt der Führung treffen wir schließlich zwei Grottenolme, die dort in einem Becken leben. Sie stammen von noch viel tiefer gelegenen Teilen der Höhle, die leider Höhlenforschern vorbehalten sind (baredine.com/de; 45.270304, 13.661692).

Schließlich stehen wir schnaufend wieder am oberen Ende der Treppenstufen, und unser Abschied von der Höhle heißt auch Abschied von Kroatien. Denn vom Parkplatz aus sind es nur noch ein paar Kilometer auf der A9 zur Grenze. Wenig später reihen wir uns dort in die Autoschlange ein und überlegen schon, wann wir das nächste Mal nach Kroatien fahren können.

Oben links: Die Porta Balbi in Rovinj mit dem Relief des Venezianischen Löwen
Oben rechts: Mächtige Stalaktiten in der Höhle Jama Baredine
Unten: Aussicht auf den Limski-Kanal

Reiseinfos zu Kroatien

Währung Euro

Zeitverschiebung keine (MEZ/MESZ)

Notrufnummern Euro-Notruf 112 oder Polizei: 92, Feuerwehr: 93, Notarzt: 94

Einreiseregeln/Wichtige Reisedokumente
Seit Januar 2023 gehört Kroatien zum Schengen-Gebiet, es finden keine Ein- und Ausreisekontrollen mehr statt. Reisepass oder Personalausweis sind jedoch weiterhin Pflicht, die internationale Versicherungskarte (Grüne Karte) muss in Kroatien nicht mitgeführt werden.

Internet/Netzabdeckung/ Netzgeschwindigkeit
Als EU-Mitglied fallen in Kroatien keine Roaminggebühren an. Beste Netzabdeckung haben die Anbieter Hrvatski Telekom (HT) und A1 Mobile. In bewohnten Gebieten ist die Abdeckung gut, in Ballungsräumen sehr gut mit 4G oder schneller.

Freies Übernachten
In Kroatien ist freies Campen und Übernachten verboten. In den Küstenregionen sowie in National- und Naturparks wird kontrolliert, und es sind zum Teil drastische Strafen fällig. Besonders an den Küsten und auf den Inseln ist das Touristenaufkommen im Sommer extrem hoch, und viele Einheimische sind mit ihrer Geduld für »Freisteher« am Ende. Bitte respektiert entsprechende Verbote. Im Landesinneren hingegen wird freies Übernachten häufig geduldet und selten kontrolliert. Wir haben dort nur an Stellen übernachtet, die auch von Locals per Auto befahren werden, und hatten keinerlei Probleme. Fragt um Erlaubnis, wenn ihr die Möglichkeit habt.

Camping-Infrastruktur
An Kroatiens Küsten ist vom Riesencamp mit Kinderanimation bis zum Privatplatz mit Familienanbindung für jeden Camper ein Plätzchen zu finden. Deutsche Standard-Gasflaschen, deren Prüfung nicht länger als fünf Jahre her ist, können in Kroatien fast überall aufgefüllt werden. Ein entsprechendes Adapterset sollte sicherheitshalber vorhanden sein. Der Tausch von Gas-Pfandflaschen ist nicht möglich.

Trinkwasserqualität
Leitungswasser ist nicht überall trinkbar. Im Zweifel Einheimische fragen oder ein Filtersystem verwenden. Das gilt auch für die zahllosen Quellen und Trinkbrunnen. Negative Erfahrungen hatten wir keine.

Tempolimits/Lichtpflicht/Straßenqualität
Innerorts gilt Tempolimit 50, außerorts 90, auf Schnellstraßen 110 und auf Autobahnen 130 km/h. In Kroatien müssen Fahrzeuge vom letzten Sonntag im Oktober bis zum letzten Sonntag im März auch tagsüber mit Licht fahren. Der allgemeine Straßenzustand ist in der Regel gut, Neben- und Bergstrecken können mitunter in mäßigem bis schlechtem Zustand sein. Wir haben jedoch keine gefährlichen Situationen erlebt.

Straßenmaut
In Kroatien gibt es keine generelle Mautpflicht, auf Autobahnen gelten streckenabhängige Mautgebühren. Beim Befahren mautpflichtiger Strecken wird ein Ticket ausgegeben, das beim Verlassen bezahlt werden muss. Der jeweilige Preis berechnet sich nach gefahrener Strecke und Fahrzeugklasse. Genaue Infos findet ihr unter adac.de/reise-freizeit/maut-vignette/kroatien

Reisewortschatz – die Basics

Deutsch	Kroatisch (Hrvatski)
Hallo	Zdravo
Tschüss	Doviđenja
Guten Tag!	Dobar dan!
Auf Wiedersehen!	Vidimo se kasnije!
Ja / Nein	Da/Ne
Ja bitte / Nein danke	Da, molim vas/Ne hvala
Danke	Hvala
Bitte	Molim vas
Entschuldigung	Oprosti
Sehr gut!	Vrlo dobro!
Ich heiße …	Zovem se ...
Wie heißt du?	Kako se zoveš?
Prost!	Nazdravlje!
Darf ich Englisch/Deutsch mit dir sprechen?	Mogu li s tobom govoriti engleski/njemački?
Ich brauche Hilfe.	Trebam pomoć.

Streckenlänge
790 Kilometer

Empfohlener Aufenthalt
6 bis 8 Tage

Highlights
Ilomska-Wasserfälle, Sarajevo, Mostar, Kloster Blagaj, Kravica-Wasserfälle

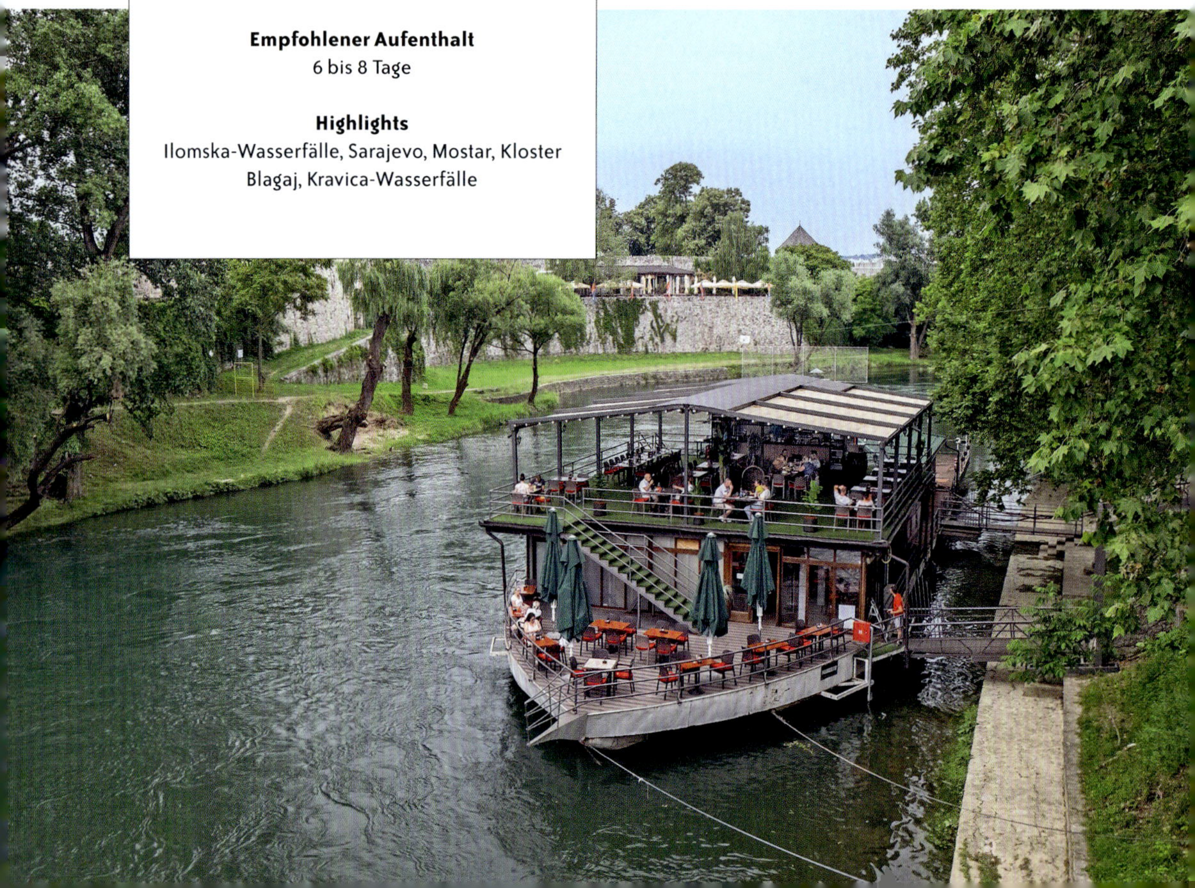

ETAPPE 3

BOSNIEN UND HERZEGOWINA

Bosnien und Herzegowina

REISE DURCH EIN GESPALTENES LAND

Unsere Reise durch Bosnien und Herzegowina unterscheidet sich von allen anderen Touren auf der Balkanhalbinsel. In diesem Kapitel wird die Schönheit des Landes oft von seiner Geschichte an den Rand gedrängt. Das hat einen Grund: Von allen Staaten Ex-Jugoslawiens trafen die Balkankriege Bosnien-Herzegowina am verheerendsten. Nirgends starben mehr Menschen, nirgends sind die Kriegsspuren noch immer so deutlich. Bosnien wurde vom Krieg zerrissen und ist es noch heute – das gilt nicht nur für das Land, sondern auch für seine Bevölkerung. Wir wollten dieses Land nicht bereisen, ohne zu versuchen, es zumindest ansatzweise zu verstehen. Und das heißt, sich mit seiner Geschichte zu befassen. Es geht in diesem Kapitel also häufig um Politik und um Krieg und seine Grausamkeiten, doch an der wilden Schönheit des Landes und der offenen Herzlichkeit der Menschen ändert das absolut nichts.

Restaurantboot auf dem Fluss Vrbas in Banja Luka

Die **Republik Bosnien und Herzegowina** (Bosna i Hercegovina / Босна и Херцеговина) in ihren heutigen Grenzen ist kein gewachsenes Land, sondern Ergebnis politischer Bemühungen, die 1995 den Bosnienkrieg beendeten. Damals brachten die USA und die EU alle Kriegsparteien dazu, sich auf einen Friedensvertrag zu einigen. Im Abkommen von Dayton verpflichteten sich Serben, Kroaten und das bosnisch-herzegowinische Präsidium zur Anerkennung des Staates und beschlossen seine politische Teilung. Seitdem setzt sich Bosnien-Herzegowina aus zwei Teilstaaten zusammen. In der **Republika Srpska** leben hauptsächlich bosnische Serben, in der **Föderation Bosnien und Herzegowina** überwiegend Bosniaken und bosnische Kroaten. Ein Problem des Friedensvertrags war jedoch, dass er mit der Spaltung des Landes kaum Raum für Annäherung oder Aufarbeitung schuf. Und das ist noch heute so. Dass in diesem Konflikt nicht mehr gekämpft wird, heißt noch lange nicht, dass er gelöst ist.

Landschaftlich wird Bosnien von den bewaldeten Mittelgebirgen der Bosnischen Dinariden geprägt, die Berge der Herzegowina sind verkarstet. Riesige unzugängliche Waldgebiete sind Rückzugsgebiet vieler gefährdeter oder vom Aussterben bedrohter Tiere und Pflanzen. Im Perućica-Urwald leben Wölfe und Braunbären, in den Sümpfen des Hutovo Blato brüten seltene Sumpfvögel, im Vranica-Massiv wachsen sonst ausgestorbene Orchideenarten.

Touristisch erwacht das Land gerade erst. Die Städte Mostar und Sarajevo sind gut besucht, doch in die meisten anderen Landesteile verirren sich selten Touristen. Dabei sind dort fantastisch ursprüngliche Landschaften und echte Wildnis zu finden. Wer sich hier auf unbekannte Wege traut, wird Orte entdecken können, die kaum ein Tourist kennt.

So tief die politischen Gräben zwischen den Ethnien sein mögen, wir haben die Menschen sehr freundlich erlebt, manchmal etwas zurückhaltend, aber immer aufgeschlossen. Und auch in diesem Land mussten wir verwundert feststellen, wie unerheblich Sprachbarrieren sein können.

Grenzen: Es ist kompliziert

Als wir hinter Županja über die Save fahren, sind wir am anderen Ufer nicht nur in Bosnien-Herzegowina, sondern haben auch die EU verlassen. Unser erster Stopp widmet sich daher unserer Netzverbindung. Denn schon wenige Meter nach der entspannten Grenzkontrolle geht mit unserer heimischen SIM-Karte gar nichts mehr. Da wir darauf vorbereitet sind, biegen wir hinter dem Grenzposten nach Orašje ab und steuern in der Innenstadt einen Laden von BH Telecom an. Was uns das erste Problem beschert, denn der ist leider zu. Wir schauen uns gerade ratlos um, als ein älterer Herr auf uns zukommt und uns in gebrochenem Deutsch Hilfe anbietet. Ein Telefonat des freundlichen Menschen später wissen wir, wo unser Problem zu lösen ist: nämlich im großen Einkaufszentrum City Center kurz vor der Stadt, an dem wir gerade vorbeigefahren sind. Wir bedanken uns und fahren zurück.

In der großen Mall hat Verkäuferin Emina gerade Pause, und ihr Laden ist geschlossen, die Konkurrenz von m:tel sitzt an einem Stand direkt daneben. Ajna spricht fließend Englisch, hat aber leider kein passendes Prepaid-Angebot. Als Emina wiederkommt, ist der Fall bei ihr genau umgekehrt. Was zur witzigen Situation führt, dass uns die m:tel-Verkäuferin beim Kauf der Konkurrenzkarte behilflich ist. Am Ende sind alle glücklich, und wir haben wieder Zugang zum Internet. Wir sind noch keine Stunde im Land und schon ist klar: Hier wohnen ziemlich hilfsbereite Menschen. Dobro došli u Bosnu i Hercegovinu!

Banja Lukas serbisch-orthodoxe Christ-Erlöser-Kathedrale ist nicht nur von außen prächtig.

SAZNAJ VIŠE NA
OD 01.06.2022.
DO 31.08.2022.
12x TV LG
90x ok
90x 50
VAUČER ZA GORIVO
90x
STONI FUDBAL
STAN
56m²
U CENTRU
BANJALUKE
Nektar
U RUKE ZA SREĆNE TRENUTKE
AUDI

Nun geht es weiter Richtung Banja Luka. Das Erste, was uns auf der Landstraße RE73 auffällt, sind die zweisprachigen Ortsschilder der Dörfer. Oder besser: Sie waren es, denn die bosnischen Namen in lateinischer Schrift wurden übermalt, und nur die serbisch-kyrillische Variante ist lesbar. Wir sind auf dem Gebiet der Republika Srpska, und die übermalten Schilder zeigen, wie sehr die ethnischen Konflikte hier noch schwelen. In Šamac biegen wir auf die etwas langweilige M17 ab und fahren erst ab Podnovlje auf der R472 weiter über Land. Sofort macht das Fahren über kurvige, schmale Straßen durch die grünen Hügel wieder Spaß. Ab Derventa bringt uns die M16 ganz entspannt nach Banja Luka.

Betriebsames Banja Luka

1 **Banja Luka** ist die Hauptstadt der Republika Srpska und mit rund 190 000 Einwohnern Bosnien-Herzegowinas zweitgrößte Stadt. Dass sich selten Touristen hierhin verirren, merken wir beim Spaziergang durch die Innenstadt. Es herrscht das betriebsame Alltagsleben einer kleinen Provinzstadt, die überraschend grün wirkt. Was kein Wunder ist, denn es wird behauptet, in Banja Luka gäbe es doppelt so viele Bäume wie Einwohner. Nachgezählt haben wir das aber nicht. Mitten im Stadtzentrum ragen die goldenen Kuppeln der serbisch-orthodoxen **Christ-Erlöser-Kathedrale** in den Himmel, deren prachtvolles Inneres wir uns ansehen. Unser Stadtspaziergang führt uns danach zur Festung Kastel (Тврђава Кастел) am Ufer des Vrbas. Wer sie einst erbaute, ist heute zwar vergessen, aber die Mauern voller Efeu sind noch immer imposant. Am Ufer gegenüber liegt ein schönes Restaurantboot, auf dessen Oberdeck wir auf einen Kaffee haltmachen. Wir sind schon etwas spät dran, weshalb wir danach zum Auto zurückspazieren.

Kurz hinter Banja Luka verengt sich der Lauf des Vrbas zu einer engen Schlucht, der wir auf der E661 flussaufwärts folgen. Auf einem kleinen Campingplatz, der auch Startpunkt für Kajak- und Rafting-Touren ist, schlagen wir für diese Nacht unser Lager auf. Etwas später sitzen wir an einem der Picknicktische am Fluss und probieren den selbst gebrannten Sliwowitz des liebenswert-chaotischen Gastgebers.

Kamp Vrbas/Врбас камп
E661, Banja Luka 78000
GPS: 44.669899, 17.157801

Oben links: Die prunkvoll verzierte Kuppel der Christ-Erlöser-Kathedrale
Oben rechts: Der Name zeugt von selbstbewusster Braukunst.
Unten: Unser Platz im Kamp Vrbas

Off the beaten track: durchs Bosnische Erzgebirge

Schlappe 186 Kilometer bis Sarajevo zeigt am nächsten Morgen unser Navi an, aber da wissen wir noch nicht, dass die richtig kurvig werden. Vom Camp fahren wir nach Karanovac und biegen auf die R414 ab, die eng und verschlungen in die Berge führt. Unsere Route geht durch die hügeligen Ausläufer des Bosnischen Erzgebirges, das zu den Dinarischen Alpen gehört. Wir sind hier so abgelegen unterwegs, dass uns die Bewohner der malerischen Dörfchen und selbst die Autofahrer grüßen.

Die Straße windet sich über bewaldete Bergkämme, und auf den Feldern sind die roten Trecker unterwegs, die wir bereits aus Kroatien kennen. Ab und zu stehen ernst dreinblickende Herren in Uniform am Straßenrand, doch statt ihrer Polizeikelle heben sie grüßend die Hand – kein Witz. Und falls sich je ein Mensch fragen sollte, was aus allen VW Golf 2 auf der Welt geworden ist, können wir vermelden: Die fahren jetzt hier herum. Als wir schließlich auf die Straße R413 abbiegen, verändert sich die Landschaft. Hinter dem Örtchen Kneževo folgen wir nun zwischen steilen Felsen dem Lauf des Ugar, der hier durch eine tiefe Schlucht fließt. Das ist eigentlich alles viel zu schön, um einfach durchzurauschen, und deshalb suchen wir uns eine Gelegenheit für einen Zwischenstopp.

Tunnelabenteuer zu den Ilomska-Wasserfällen

Als dann an der Straße ein unscheinbares Schild nach links zu den 2 **Vodopadi Ilomske** (44.37349, 17.48327) weist, haben wir zwar keinen Schimmer, was das ist, biegen aber trotzdem ab. Nach einem Kilometer Schotterpiste endet die Fahrt vor einem hässlichen Industriebau. Die Mündung des Flusses Ilomska ist zwischen Betonwänden einer Stauanlage eingezwängt, und sein Wasser speist die Becken einer Fischfarm. Da das alles so gar nicht einladend ist, sind wir kurz davor, wieder zu fahren. Doch dann entdecken wir ein handgemaltes Schild, auf dem »Vodopad« steht. Das weckt unsere Neugier. Da es außer dem Schild keinerlei Infos gibt, fragen wir einen Mann, der an den Wasserbecken gerade Fische füttert. In einem Mix aus Händen, Füßen und etwas Deutsch und Englisch erfahren wir, dass Vodopad Wasserfall heißt, dass wir von hier gleich zwei erreichen können und für unsere Wanderung besser Taschenlampen mitnehmen sollten. Denn zum zweiten Fall müssten wir durch einen Tunnel. So weit die Übersetzung. Hm, oder so ähnlich?

Wir wandern also auf einem alten Fahrweg hinauf in die Schlucht der Ilomska. Im Gras liegen gigantische Eisenrohre, von Pestwurz

Oben: Die roten Traktoren des serbischen Herstellers IMT trifft man überall in den Nachfolgestaaten Jugoslawiens.
Unten: Zum Veliki vodopad geht es rechts hinab.

überwuchert. Sie sind die Reste eines Wasserkraftwerks, das nie fertiggestellt wurde. Unter uns rauscht das Flüsschen, und vor uns ragen in der Ferne steile Klippen auf, eine wirklich tolle Aussicht. Der Weg wird steiler und steiniger und endet vor einem großen Steinhaufen. Über den klettern wir und sehen **Mali vodopad**, den kleinen Wasserfall, über zwei große Felsen rauschen. Doch wo ist **Veliki vodopad**, sein großer Bruder? Da auch vom Tunnel nichts zu sehen ist, nehmen wir, zurück am Weg, eine unscheinbare Piste, die nach links abgeht. Fast unter Geröll begraben führt sie steil weiter hinauf in den Canyon. Und da sehen wir dann auch den Tunneleingang. Das Gitter davor ist unverschlossen, und wir überlegen, ob wir uns wirklich in diese schwarze Finsternis wagen wollen. Im Geiste zählen wir ein paar wagemutige Entdecker auf und entscheiden uns für Marco Polo. Der hätte hier schließlich auch nicht gekniffen, und so zücken wir unsere Taschenlampen und folgen vorsichtig dem fahlen Lichtschein.

Es tropft und plätschert aus den Wänden, aber der Weg entlang eines großen Eisenrohres ist recht gut begehbar. Bloß ziemlich lang und glitschig. Irgendwann sehen wir wieder Tageslicht, und eine Brücke führt über einen schmalen Canyon. Dahinter verschwindet der Weg wieder im Dunkel eines Tunnels. Hm, davon hatte der Fischmann nichts erzählt. Oder etwa doch? Wir durchqueren auch diese gruselige Finsternis, dann geht ein zugewachsener Fahrweg am Abgrund im engen Canyon weiter. Das sieht alles so verlassen und verwildert aus, dass wir uns wie echte Entdecker fühlen. Vor uns ragen hohe Klippen aus dem Wald, und zu ihren Füßen rauscht der Fluss. Was für ein toller Anblick! Doch als wir uns auf den Rückweg machen, fällt uns wieder ein: Wo ist eigentlich der Wasserfall? Auf dem Heimweg schauen wir noch mal unter jeden Stein, doch ein Wasserfall taucht nicht auf. Am Tor zum Tunnelausgang ist dann klar: Den Wasserfall haben wir wohl verpasst.

Der Veliki vodopad stürzt sich im freien Fall 40 Meter in die Tiefe.

Als wir den Abstieg beginnen, fällt uns ein unscheinbares Zeichen auf, das vor dem Tunneleingang einen schmalen Pfad am steilen Hang markiert. Also folgen wir dem Pfad den Talkessel hinab, und nach etwas Kletterei hören wir es rauschen. Und dann sehen wir das Wasser der Ilomska zwischen hoch aufragenden Klippen im freien Fall 40 Meter in die Tiefe stürzen. Wir haben den Veliki vodopad gefunden! Wir klettern über Steine hinab zum grün schimmernden Wasserbecken und beschließen, darin ein Bad zu wagen, denn das hätte Marco Polo bestimmt auch getan. Das Wasser ist eisig kalt, und je näher wir dem Wasserfall kommen, desto stärker weht uns Wind entgegen. Fast darunter können wir kaum noch atmen. So was haben wir noch nie erlebt. Welch ein Glück, diesen wilden Ort schließlich doch entdeckt zu haben!

Korićani-Klippen
Wie präsent der Bosnienkrieg selbst in der Wildnis des Ilomska-Canyons ist, erfahren wir erst später. Denn die mächtigen Korićani-Klippen, auf die wir vom Tunneleingang blicken konnten, waren Schauplatz eines Kriegsverbrechens. Die Hintergründe könnt ihr hier nachlesen: en.wikipedia.org/wiki/Korićani_Cliffs_massacre

Noch ganz berauscht von unserem tollen Erlebnis, vergeht die Fahrt nach Sarajevo ziemlich schnell. Auch weil wir beim Ort Turbe von der Landstraße auf die gut ausgebaute Bundesstraße E661 abbiegen.

Bosniens Hauptstadt Sarajevo

Wir haben uns einen Campingplatz vor den Toren der Stadt ausgesucht und müssen feststellen, dass der recht schwer zu finden ist. Irgendwann stehen wir aber doch davor, und die Besitzer begrüßen uns herzlich. Wir dürfen uns einen Platz am kleinen Flüsschen unter Kirschbäumen aussuchen und verbringen dort eine entspannte Nacht. Als wir morgens beim Frühstück sitzen, beschenkt uns die Mama der Familie mit selbst gebackenem Kirschkuchen. Das freundliche Angebot, uns nach Sarajevo zu fahren, schlagen wir aus und machen uns mit dem eigenen Auto auf den Weg.

Camping Sarajevo
Mratnjevače 57, Ilidža 71210,
Tel. +387 61 190927, camping-sarajevo.com
GPS: 43.838854, 18.264824

Unser erstes Ziel in 3 **Sarajevo** ist ein unscheinbarer Tunnel, der vor 30 Jahren Lebensader der Stadt war. Während des Bosnienkrieges belagerten Truppen der bosnischen Serben drei Jahre lang den bosnisch-kroatischen Teil von Sarajevo. Um ihr Überleben zu sichern, gruben die eingeschlossenen Bewohner allein mit Muskelkraft einen 800 Meter langen Tunnel aus der Stadt, der im Vorort Butmir endete. Der **Sarajevo-Tunnel** diente nicht nur als Fluchtweg, durch ihn hindurch wurde auch die Versorgung der Stadt organisiert. Heute sind das Haus der Familie Kolar am Ende des Tunnels und ein 20 Meter langes Teilstück ein Museum. In der anschaulichen Ausstellung lernen wir viel über die Besetzung und den Krieg.

Dass Sarajevo heute eine pulsierende Stadt voller Leben ist, können wir nach unserer Fahrt ins historische Zentrum erleben. Wir

Oben: Der hölzerne Brunnen Sebilj auf dem Marktplatz der Altstadt
Unten: In den Gassen des Basar-Viertels von Sarajevo

PHARMAMED

19

KUPUJMO DOMACE
NAŠE JE NAJBOLJE !!!
Alija Čukojević
Emir Begović
Šaćir Suljević
Safer Musić

stellen unser Auto auf einem bewachten Parkplatz (43.860703, 18.430612) ab, der zwar ziemlich eng ist, aber nah am **Baščaršija** liegt, dem alten Basar. Der Platz ist das Herz von **Stari Grad**, dem 600 Jahre alten osmanische Stadtkern von Sarajevo. Er wird vom Minarett der Husrev-begova džamija (Gazi-Husrev-Beg-Moschee) überragt, der größten und einer der ältesten Moscheen in ganz Bosnien-Herzegowina. Über den Platz flattern Hunderte Tauben, und mitten darauf steht der reich verzierte hölzerne Brunnen **Sebilj** aus dem 19. Jahrhundert. Dahinter liegen der Glockenturm **Sahat-kula** und die schmalen Gassen des Basars, in denen es von Dattelmarmelade über Kupferwaren bis zum Minenwarnschild so ziemlich alles zu kaufen gibt. Es macht Spaß, hier entlangzuschlendern und die Auslagen der kleinen Läden zu bewundern; wir fühlen uns ein bisschen wie im Orient.

Unser Spaziergang führt uns zur **Vijećnica**, dem ehemaligen Rathaus der Stadt. Der pseudo-maurische Bau wurde nach dem Krieg aufwendig restauriert und beherbergt heute die Nationalbibliothek des Landes. Im Innenhof fällt das Licht durch ein wunderschönes buntes Mosaik im Dach auf reich verzierte orientalische Arkadenbalkone. Die Vijećnica liegt am Fluss Miljacka, über den sich hier zahlreiche Brücken spannen. Die berühmteste davon ist **Latinska ćuprija**, die Lateinerbrücke aus osmanischer Zeit. An ihrer Straßenmündung erschoss 1914 Gavrilo Princip den österreich-ungarischen Thronfolger Franz Ferdinand und seine Frau Sophie. Dieses Attentat gilt als Auslöser des Ersten Weltkriegs.

Oben: Die alte Bobbahn der Olympischen Winterspiele von 1984 ist heute knallbunt besprüht.
Unten: Eine Rose von Sarajevo erinnert an den Tod von 68 Menschen durch einen Granatenangriff auf dem Markale-Markt.

Auch die nächsten Stationen unseres Stadtrundgangs befassen sich mit gewalttätiger Geschichte. Neben der **Katedrala Srca Isusova** (Kathedrale Herz Jesu) befindet sich der Eingang zur **Galerija 11/07/95** (Trg fra Grge Martića 2/III). Die sehr empfehlenswerte Ausstellung nähert sich einem der grausamsten Ereignisse des Bosnienkrieges aus einer künstlerischen Perspektive. Mit sehr eindrücklichen großformatigen Dokumentarfotos wird vom Massaker von Srebrenica berichtet, bei dem die serbische Armee 1995 mehr als 8000 bosniakische Menschen ermordete. Auch das **Museum Of Crimes Against Humanity And Genocide 1992–1995** (Mukevita 11/1) unweit der Galerija hat diesen Völkermord zum Thema, aber wir können den Besuch nicht empfehlen. Die Ausstellung haben wir als wenig einfühlsame Ansammlung von Kriegsrelikten und schockierenden Fotos ohne Aufarbeitung des historischen Kontextes und Opferschutz erlebt.

Nach diesen schlimmen Eindrücken wollen wir nicht zurück in die quirlige Innenstadt, sondern gehen zu einer unscheinbaren Gedenkstätte auf dem Gemüsemarkt des Pijaca Markale (Markale-Platz). Mitten zwischen den Ständen finden wir eine **Sarajevske ruže**, eine Rose von Sarajevo. Diese Mahnmale kann man leicht übersehen, doch überall in den Straßen erinnern mit rotem Harz gefüllte Spuren von Granateinschlägen daran, dass dort Menschen starben. Am 5. Februar 1994 schoss die Armee der bosnischen Serben mit einer Granate gezielt auf den belebten Markale-Markt, 68 Menschen starben dort an diesem Tag. Sehr bedrückt kehren wir danach zum Auto zurück.

Sarajevos Hausberg Trebević

Für unser nächstes Ziel müssen wir auf Sarajevos Hausberg Trebević fahren. Während der Olympischen Winterspiele 1984 fanden dort die Wettbewerbe im Rodeln und Bobfahren statt. Heute ist die alte Eisbahn verfallen und von Wald überwuchert. Und es gibt dort oben einen weiteren Lost Place, nämlich das alte Observatorium von Sarajevo. Es geht steil die Straße R446 hinauf, und bevor wir oben ankommen, checken wir noch schnell auf dem Campingplatz Zlatiste ein, der auf halber Strecke liegt. Danach geht es mit dem Bus weiter.

Sarajevo Camp Zlatiste
Hambina Carina 65, Sarajevo 71000
GPS: 43.844224, 18.418714

Eigentlich wollten wir vom Parkplatz Prvi šumar zu Fuß über die Bobbahn zum Observatorium laufen. Doch als wir unser Auto abstellen, warnt uns ein anderer Camper, dass hier häufig Fahrzeuge aufgebrochen werden. Und tatsächlich liegen auf dem Platz viele Glassplitter. Wir disponieren daher um und machen etwas, was für uns normalerweise tabu ist: Wir ignorieren ein Durchfahrt-Verbotsschild und fahren direkt zur Bobbahn weiter. Es dauert eine Weile, bis wir den richtigen Abzweig gefunden haben, und die letzten Meter Schotterpiste sind steil und ausgewaschen, doch dann steht unser Bus tatsächlich am **Observatorium Bistrik kula**. Es wurde in den 1960er-Jahren auf einem alten Militärfort errichtet, im Bosnienkrieg zerstört und nie wieder aufgebaut. Wir erkunden die zerschossene Ruine und wandern dann zur bunt besprühten Bobbahn weiter. So richtig lost ist dieser Place zwar längst nicht mehr, aber trotzdem spannend.

Als wir zum Auto zurückkommen, geht die Sonne gerade unter. Dieses Spektakel schauen wir uns vom obersten Stock des Observatoriums an und genießen danach auf einer kleinen Bank am Aussichtspunkt den sensationellen Blick auf die dunkler werdende Stadt. Dort gehen die ersten Lichter an, und als die Muezzins in der ganzen Stadt zum

Oben: Ausblick vom alten Observatorium Bistrik kula
Unten: Der Platz vor dem Observatorium ist ein Traumspot, die Zufahrt für Autos aber leider verboten.

Abendgebet rufen, vereinen sich ihre Gesänge zu einem gemeinsamen Chor. Was für ein magischer Moment! Es ist schon völlig finster, als wir endlich zu unserem Campingplatz aufbrechen. Wie gut, dass wir dort schon erwartet werden.

Auf den Trebević mit der Bahn
Wenn ihr nicht mit dem Auto zur alten Bobbahn und dem Observatorium fahren wollt, könnt ihr sie auch mit der Drahtseilbahn Trebevićka žičara erreichen, die aus der Innenstadt hinauffährt:
Hrvatin bb, GPS: 43.855515, 18.435086

Bevor wir am nächsten Morgen nach Süden aufbrechen, kehren wir noch einmal in die Stadt zurück. Wir fahren zum **Muzej ratnog djetinjstva**, dem Museum der Kindheit im Krieg (Logavina 32). Das wurde 2017 von Jasminko Halilović gegründet, der den Krieg in Sarajevo als Kind erlebte. Für ein Buchprojekt stellte der Aktivist und Unternehmer anderen Überlebenden der Belagerung eine einfache Frage: »Wie war deine Kindheit im Krieg?« Hunderte Menschen antworteten und schickten ihm persönliche Gegenstände, die für sie in ihrer Kriegskindheit am wichtigsten waren. Daraus entstand das Museum. Trotz der schlimmen Erfahrungen, von denen die Geschichten um die Gegenstände handeln, ist darin sehr oft eine immens positive Kraft zu spüren. Eine wirklich tolle Ausstellung.

Oben: Cafés in der malerischen Altstadt
Unten: Brückenspringer auf Mostars berühmten Brücke Stari most

Dann ist es Zeit, von Sarajevo Abschied zu nehmen. Die M17 führt uns aus der Stadt, wird in Tarčin zur Autobahn A1 und geht in Bradina als Landstraße weiter hinauf in die Berge. Wir fahren am Stausee Jablaničko jezero entlang und später am Fluss Neretva. An der Brücke Novo most machen wir eine lange Pause und baden im Fluss. Danach fahren wir noch ein Stückchen weiter und machen schließlich auf dem Camping Neretva halt. Auch hier gibt es eine wunderbare Badestelle, und wir haben es am nächsten Morgen nicht weit nach 4 **Mostar**.

Camping Neretva
Sjeverni Logor, Mostar 88000, neretva-camping.business.site
GPS: 43.364547, 17.815912
GPS Einfahrt: 43.360640, 17.813690

Mostar, die geteilte Stadt

Mostar heißt übersetzt »Brückenwächter«, und sie ist die größte Stadt der Herzegowina, des südlichen Teil des Landes. Sie wurde nach dem Bosnienkrieg in zwei Städte geteilt: eine kroatische am westlichen Ufer der Neretva und eine bosniakische am östlichen Ufer. Von unserem Parkplatz (43.338692, 17.808110) ist es nicht weit zur Altstadt, aber wir machen zuerst einen Umweg zum Spanischen Platz. Hier stehen zwei Gebäude, deren Symbolik kaum unterschiedlicher sein kann: Die Ruine des berüchtigten **Sniper Tower** war einst eine Bank, bis von dort während des Bosnienkrieges kroatische Scharfschützen Jagd auf bosnische Zivilisten machten. Auf der anderen Straßenseite steht das 2006 gegründete **United World College**, in dem Kinder der auch heute noch verfeindeten Volksgruppen in gemeinsamen Klassen unterrichtet werden.

Auf unserem Weg zur Alten Brücke fällt auf, wie viele Häuser noch Kriegsspuren tragen. In der Altstadt selbst ist davon nichts mehr zu sehen. Die ist wunderschön herausgeputzt, und wir schlendern über das spiegelblanke Pflaster der engen Gassen zunächst zur **Kriva Ćuprija**, der krummen Brücke. Dahinter führt eine steile Treppe hinauf zu einem malerischen Straßenbasar. Der endet an Mostars berühmtesten Bauwerk, der **Stari most** (Alte Brücke). Ihr Bau galt 1566 als einzigartige technische Meisterleistung. Über Jahrhunderte symbolisierte die Brücke die Verbindung zwischen Orient und Okzident, bis Streitkräfte der bosnischen Kroaten sie 1993 zerstörten. Heute ist sie wiederaufgebaut und zieht jährlich Hunderttausende Besucher an.

Wir kraxeln über die steile Bogenbrücke und erkunden auch die Straßen auf der anderen Seite der Neretva. Über die Brücke **Lučki most** geht es zurück zur Altstadt. Doch damit fängt unsere Stadtour eigentlich erst an. Auf dem Vorplatz des **Hamam Museum** treffen wir Sheva, den Guide für unsere Free Walking Tour. Drei Stunden führt uns Sheva durch die Stadt und erzählt von Mostars Geschichte, dem Krieg und wie sehr die ethnischen Konflikte noch heute Mostar und das gesamte Land spalten. Er macht das so informativ, eindrücklich und bewegend, dass es unseren Blick auf die ganze Region von Ex-Jugoslawien verändert. Diese Tour können wir jedem nur allerwärmstens ans Herz legen.

Stadtführung durch Mostar
Sheva Walking Tours,
mostarfreewalkingtours.com
GPS Treffpunkt: 43.337518, 17.813897

Nach dieser Tour sind wir völlig erledigt und kommen in einem Restaurant in der Altstadt wieder zu Kräften. Direkt daneben führt eine steile Treppe zur Badestelle am Flussufer hinab. Von dort hat man einen legendären Blick auf den Bogen von Stari most. Bis wir uns davon losreißen können, ist schon tiefe Nacht.

Oben links und rechts: Der Sniper-Tower und das United World College
Unten: Live-Musik an der Krummen Brücke Kriva Ćuprija

Zadrži
vrućinu vani.

GYMNASIUM MOSTAR

Wie gut, dass wir es nicht weit zum Auto haben. Am nächsten Tag fahren wir noch einmal zum gemütlichen Bummeln in die Innenstadt. Auch ohne Besichtigung der historisch so wichtigen Orte ist Mostar einen Besuch wert. Diese Stadt hat uns sehr gut gefallen – auf Wiedersehen, ihr Brückenwächter!

Restaurant Ascinica NAR
8RP7+RP5, Mostar 88000
GPS: 43.337028, 17.814395

Kloster Blagaj

Nur ein paar Kilometer südlich von Mostar liegt das kleine Dörfchen Blagaj. Wir checken auf dem winzigen Campingplatz Aganovac am Fluss Buna ein und erholen uns im Schatten unter Bäumen vom anstrengenden Tag in Mostar. Vom Campingplatz können wir zu Fuß zum Derwischkloster 5 **Blagaj Tekija** gehen, das sich an der Bunaquelle malerisch unter eine Felsklippe schmiegt. Hier ist ziemlich viel Rummel, und die Restaurants am Fluss sind knackevoll, was bei der Lage kein Wunder ist. Wir bestaunen das süße Ensemble aus dem 16. Jahrhundert und verabschieden uns wieder zum Campingplatz, denn dort wartet unsere Hängematte. Und die verlassen wir an diesem Tag nur für gebratene Forelle im Restaurant gegenüber.

Oben: Das Felsenkloster Blagaj an der Quelle der Buna
Unten: Spaßbad und Naturparadies: die Kravica-Wasserfälle

River Camp Aganovac
Blagaj bb, Blagaj 88201, camping-blagaj.com
GPS: 43.257538, 17.888272

Restaurant Konoba Gold Fish
7V4Q+W58, M6.1, Blagaj 88201
GPS: 43.257274, 17.887999

Bis wir tags darauf aufbrechen, ist schon fast Mittag, aber wir haben es nicht weit. Die Bundesstraße M17 bringt uns nach Süden, und in Žitomislići biegen wir auf die Landstraße R425 in die Berge ab. Es dauert nicht lange, dann stehen wir auf dem Besucherparkplatz der Kravica-Wasserfälle.

Badeparadies Kravica-Wasserfälle

Verglichen mit Krka und den Plitvicer Seen in Kroatien sind die 6 **Kravica-Wasserfälle** (43.158085, 17.608426) am Fluss Trebižat fast schon bescheiden. Doch ein Besuch dieses üppig grünen Wasserparadieses lohnt sich trotzdem. Nicht nur wegen seiner Schönheit, sondern auch wegen der völlig anderen

Atmosphäre. Hier ist Baden unterhalb der Fälle noch erlaubt, und das wird rege genutzt. Um dieses natürliche Schwimmbad befinden sich zahlreiche Bars und Restaurants, was das Ganze zur ultimativen Vorlage aller Spaßbad-Landschaften macht. Wer es ruhiger mag, braucht bloß den schmalen Wanderpfad flussabwärts zu gehen und findet einsame Badestellen am kristallklaren Fluss. Und noch etwas macht die Wasserfälle von Kravica besonders: Man kann direkt dahinter campen. Der Campingplatz ist zwar nur eine große Wiese und benutzt die sanitären Anlagen des Schwimmbades mit, aber die Lage am Fluss ist wirklich fantastisch. Um dorthin zu kommen, braucht es allerdings Geduld, denn Autos dürfen erst nach der letzten Fahrt der kleinen Bimmelbahn gegen 18 Uhr hinunter zu den Wasserfällen.

Camp Joky
GPS: 43.155499, 17.612398

Am Morgen verabschieden wir uns vom Platz am Fluss. Die M6 führt uns am Morgen nach Čapljina, dann folgen wir der Neretva nach Süden. In Dračevo biegen wir auf die R426, die uns am See Svitavsko jezero im Naturpark **Hutovo Blato** in die Berge bringt. Es folgt ein wüster Mix aus neuen Asphaltstrecken und üblen Schotterpisten. Unser Navi bemüht sich vergeblich, uns nach Hutovo zu leiten, doch schließlich finden wir den Weg. Ab dort geht es durch das Karstgebiet Popovo polje am Trebišnjica-Kanal entlang weiter nach Zavala.

Die windige Höhle Špilja Vjetrenica

Bei Zavala liegt 7 **Špilja Vjetrenica** (42.845900, 17.983806), die Windhöhle. Sie ist nicht nur die größte aller Höhlen in Bosnien-Herzegowina, sondern gilt als eine der artenreichsten der Welt. Über 200 verschiedene Tierarten leben hier und fast 40 davon sind endemisch. Wer die Höhle betritt, wird von einem eisigen Wind fast umgeweht. In der Höhle selbst ist es dagegen windstill. Unsere Führerin ist zwar nicht besonders ambitioniert, aber wir finden den Besuch trotzdem spannend, und Grottenolme gibt es auch zu sehen.

Die Strecke auf der M6 nach Trebinje verläuft recht ereignisarm. Wir fahren noch etwas weiter und finden am Stausee der Trebišnjica einen hübschen Übernachtungsplatz. Von dort ist es am nächsten Tag nicht weit zur Grenze nach Montenegro.

Unser Übernachtungsplatz am Stausee
GPS: 42.709328, 18.479634

Oben: Der Svitavsko jezero im Naturpark Hutovo Blato ist ein Paradies für seltene Wasservögel.
Unten: Wer durch den Eingang der Špilja Vjetrenica tritt, weiß sofort, woher der Name Windhöhle kommt.

Reiseinfos zu Bosnien und Herzegowina

Währung Konvertible Mark (Konvertibilna Marka)
1 KM = 100 Fening, Festkurs: 1 EUR = 1,95583 KM

Zeitverschiebung keine (MEZ/MESZ)

Notrufnummern kein Euro-Notruf
Polizei: 92 oder 122, Feuerwehr: 93 oder 123, Notarzt: 94 oder 124

Einreiseregeln/Wichtige Reisedokumente
Grenzkontrollen sind bei Ein- und Ausreise obligatorisch. Für deutsche Staatsbürger gelten Reisepass oder Personalausweis. Führerschein, Fahrzeugschein und Grüne Versicherungskarte sind notwendig, letztere muss das Länderkürzel BiH enthalten.

Internet/Netzabdeckung/ Netzgeschwindigkeit
In Bosnien-Herzegowina gibt es kein kostenloses EU-Roaming. Die lokalen Telefongesellschaften BH Telecom, HT Eronet und m:tel bieten Prepaid-SIM-Karten für Touristen an. Netzabdeckung und Geschwindigkeit sind mit 4G oder höher auch außerhalb von Ballungsräumen bei allen Anbietern sehr gut.

Freies Übernachten
Offiziell ist freies Campen in Bosnien-Herzegowina verboten. In der Praxis interessiert das jedoch wenig. Wer sich an die üblichen Campingregeln hält, wird kaum Probleme haben. Bitte bedenkt, dass Bosnien-Herzegowina in vielen Gebieten noch vermint ist! Bleibt auf befahrenen Wegen und meidet lange ungenutztes Terrain. Wer ganz sicher gehen will, findet mehr Infos und eine App unter bhmac.org/?page_id=747&lang=en

Camping-Infrastruktur
Bosnien-Herzegowina ist kein ausgewiesenes Touristenland, die Campingplatzdichte ist in abgelegeneren Landesteilen recht dünn und deren Ausstattung oft einfach. Dafür ist die Begrüßung durch die Gastgeber meist umso herzlicher.

Trinkwasserqualität
Leitungswasser ist in der Regel trinkbar. Wir haben auch Quellen und Brunnen auf Campingplätzen genutzt und Wasser generell gefiltert. Damit hatten wir keine Probleme. Im Zweifel solltet ihr Einheimische fragen.

Tempolimits/Lichtpflicht/Straßenqualität
Innerorts gilt Tempolimit 50, außerorts 80, auf Schnellstraßen 100 und auf Autobahnen 130 km/h. Auch tagsüber muss mit Licht gefahren werden. Die Straßenqualität ist okay, auf Nebenwegen eher schlechter. Stellt euch bei Überlandfahrten generell auf enge, kur-

vige Straßen ein. Der Fahrstil vieler Einheimischer ist oft etwas zu schnell und unvorsichtig. Wer sich nicht stresst und umsichtig fährt, wird aber keine Probleme haben.

Straßenmaut
In Bosnien-Herzegowina wird Maut bisher nur auf wenigen Abschnitten der Autobahnen A1 und »Autoput 9. Januar« sowie der Bundesstraße E661 erhoben. Vor den Abschnitten werden Tickets ausgegeben, die beim Verlassen bezahlt werden. Genaue Infos findet ihr unter adac.de/reise-freizeit/maut-vignette/bosnien-herzegowina

Reisewortschatz
Als wichtiger Teil kultureller Identität ist Sprache in Bosnien-Herzegowina ein sensibles Thema. Ein freundliches »Hallo« auf Bosnisch wird Bosniaken oder bosnische Kroaten sicherlich erfreuen, von bosnischen Serben dagegen vielleicht als Affront empfunden. Nutzt die folgenden Sprachfloskeln daher mit Bedacht.

Reisewortschatz – die Basics

Deutsch	Bosnisch (Bosanski)
Hallo	Zdravo
Tschüss	Ćao ćao
Guten Tag!	Dobar dan
Auf Wiedersehen!	Doviđenja
Ja / Nein	Da/Ne
Ja bitte / Nein danke	Da, molim/Ne hvala
Danke	Hvala
Bitte	Molim te
Entschuldigung	Izvinite
Sehr gut!	Odlično!
Ich heiße …	Moje ime je ...
Wie heißt du?	Kako se zoveš?
Prost!	Živjeli!
Darf ich Englisch/Deutsch mit dir sprechen?	Mogu li govoriti engleski/njemački?
Ich brauche Hilfe.	Treba mi pomoc.

Streckenlänge
600 Kilometer

Empfohlener Aufenthalt
8 bis 10 Tage

Highlights
Durmitor-Runde, Tara-Schlucht, Budva, Bucht von Kotor, Prokletije Planina, Lovćen-und-Njegoš-Mausoleum

ETAPPE 4

MONTENEGRO

Montenegro

SCHWARZE BERGE, KARSTQUELLEN UND BALKANFJORDE

Die Republik Montenegro, **Crna Gora**, ist ziemlich winzig: Sie ist nicht einmal so groß wie Schleswig-Holstein. Wie seine Nachbarländer ist auch Montenegro von den Dinariden geprägt, doch sind diese hier ganz besonders zerklüftet. Denn nirgends in Südeuropa waren die Gletscher der Eiszeit mächtiger als hier. Damals war Montenegro von 400 Meter dicken Eisschichten bedeckt. Das hat Canyons hinterlassen, die zu den tiefsten der Welt gehören, und Hochgebirgslandschaften, die noch heute fast unzugänglich sind. Das waldreiche Bergland ist dünn besiedelt, und seine Wälder gehören zu den artenreichsten in Europa. In den Höhenlagen wachsen noch endemische Pflanzen aus der Eiszeit, und in den Urwäldern des Durmitor und Biogradska Gora jagen Wölfe und Luchse.

Nach der Eiszeit besiedelten illyrische Stämme die Küste, die in der Antike von Rom erobert und später Byzanz zugeschlagen wurde. Nach dessen Niedergang regierten lokale Fürsten, bis das Osmanische Reich die Vorherrschaft übernahm. In all der Zeit blieben Montenegros Berge fast unbeachtet. Im Ersten Weltkrieg wurde Montenegro von Österreich-Ungarn erobert und dann Teil des Königreichs Jugoslawien. 1941 marschierten deutsche Truppen ein, das Gebiet wurde von Italien besetzt. Nach dem Zweiten Weltkrieg gehörte es zu Jugoslawien und blieb nach dessen Zerfall lange an Serbiens Seite. Erst 2006 löste es sich von Serbien und wurde unabhängig. Seit 2012 laufen EU-Beitrittsverhandlungen, und 2017 wurde Montenegro Mitglied der NATO.

Durch die gebirgige Lage und dünne Besiedelung hat Montenegro kaum nennenswerte Industrie und wenig Landwirtschaft. Über zwanzig Prozent des Dienstleistungssektors entfallen auf den Tourismus, er ist eine der wichtigsten Einnahmequellen. Als Reiseland boomt Montenegro seit Jahren. Es vermarktet sich sehr erfolgreich als Wander-, Fahrrad- und Wintersportgebiet mit Schwerpunkt auf Nachhaltigkeit. Aber auch Badetouristen finden ihr Glück: Von der 295 Kilometer langen Küste sind fast ein Viertel Strand.

Im Kanjon Nevidio, dem Unsichtbaren Canyon

Den touristischen Erfolg merkt man dem Land an. Im Vergleich mit vielen anderen Balkanländern wirkt Montenegro fast wohlhabend, zumindest in den Ballungsräumen. In den Hochlagen allerdings scheint die Zeit stehen geblieben: Dort wird das Heu noch als Tristen getrocknet, und man kann Bauern mit der Sense auf ihren Wiesen sehen. Diese kleinteilige Landwirtschaft sorgt für eine Biodiversität, die in Europas Industrienationen längst vernichtet wurde. Wer das Glück hatte, Montenegros Berge im Frühsommer zu bereisen, wird die Farbenpracht der Blumen und Schmetterlinge kaum wieder vergessen.

In der montenegrinischen Küche finden sich Einflüsse der Nachbarländer. An der Küste und den großen Flüssen wird frischer Fisch serviert, am liebsten gegrillt. Auf den Grill dürfen auch deftige Fleischgerichte, ganz besonders Lamm. Zum Nachtisch gibt es osmanische Köstlichkeiten wie Baklava oder Tulumba.

Die so typische warme Herzlichkeit der Menschen der Balkanregion haben wir in Montenegro manchmal etwas vermisst. Auch hier sind uns viele freundliche und hilfsbereite Menschen begegnet, aber eben auch einige, die reservierter waren. Vielleicht fiel uns das aber nur im Kontrast zum Kosovo so auf. Wir haben uns dennoch in Montenegro sehr wohlgefühlt und werden ganz bestimmt wiederkommen. Und noch etwas müssen wir unbedingt erwähnen: Bei unserer Reise durch Montenegro haben wir uns oft gefragt, wie so viel Schönes in so ein winziges Land passen kann. Von allen Ländern der Balkanhalbinsel hat uns Montenegro landschaftlich am besten gefallen.

Ins Land der schwarzen Berge

Bis wir am Grenzübergang in Dolovi sind, muss sich unser Bus steile Serpentinen hochquälen. Die Ausreise aus Bosnien geht etwas langsam, die Einreise nach Montenegro dafür umso schneller. Dann sind wir endlich im »Land der schwarzen Berge«. Es empfängt uns mit einer mediterranen Berglandschaft, die aber nicht schwarz, sondern sattgrün ist. Auf den Hügeln um uns herum wachsen Büsche, und auch die hohen Berge in der Ferne sind bewaldet. Auf den Straßenschildern steht, dass wir hier auf einer Panoramaroute sind, aber das ist auch ohne Hinweis schwer zu übersehen: Die Aussicht ist grandios! Am Vista Point 34 machen wir eine Pause und bestaunen die grünen Inseln im Stausee Slansko jezero unter uns und die mittagsblauen Berge am Horizont. Unten am Seeufer können wir hübsche Stellplätze entdecken, aber zum Übernachten finden wir es noch zu früh.

Wir entscheiden uns für eine Exkursion zu einem anderen See. Kurz vor Nikšić biegen wir links zum **Krupačko jezero** ab. Die schmale

Im Gbaja-Tal des Nationalpark Prokletije

Schotterstraße endet nach drei Kilometern am Restaurant Kod Draskovica. Das ist überraschend voll, aber für uns findet sich ein Tisch auf der Terrasse. Nicht nur der Blick über den See, auch die Forellen sind fantastisch. Auf einem kleinen Stellplatz ließe sich hier sogar übernachten, und selbst Ferienwohnungen gibt es, doch uns zieht es nach dem Essen weiter.

Restaurant Kod Draskovica
Crnodoli, Nikšić 81400, booking.com/hotel/me/kod-draskovica.de.html
GPS: 42.795559, 18.873200

Vorbei an Nikšić, Montenegros zweitgrößter Stadt, fahren wir auf der E762/M3 nach Norden und biegen auf die M6 ab, die uns durch grüne Hügellandschaft zu den ersten Ausläufern der Berge bringt. Es geht steil bergauf durch ein Tal mit Hochwald und wieder steil hinunter. Als die Straße nach dem Örtchen **Šavnik** aus einem engen Tal herausführt, haben wir unser Tagesziel fast erreicht.

Oben links: Besuch von einem Heupferd
Oben rechts: Der Durmitor ist ein Blumenparadies.
Unten: Unser Platz auf dem Autocamp Mlinski Potok

In den Bergen Nordmontenegros

Kurz vor dem **Nationalpark Durmitor** geht eine unscheinbare Straße nach links ab. Dahinter öffnet sich ein pittoreskes Seitental. Die sattgrüne Wiesenlandschaft wird von Feldhecken durchzogen, zwischen denen Bäume und hier und da alte Bauernhäuser stehen. Wir kurven durch dieses wunderschöne Fleckchen Erde zu einem von steilen Klippen umrahmten Parkplatz. Von hier führt ein kurzer Fußweg zum Eingang des 1 **Kanjon Nevidio** (42.987778, 19.067493).

Der »Unsichtbare Canyon« wurde erst 1964 erschlossen. Schon auf den ersten Metern holen wir uns nasse Füße und kraxeln über meterhohe Felsen in die enge Schlucht. Die wird immer wilder, und irgendwann stürzt sich der Fluss vor uns in die Tiefe. Ab hier ginge es nur als geführte Canyoning-Tour weiter. Wer dafür mutig genug ist, klettert und springt über Kaskaden und Wasserfälle durch die drei Kilometer lange Schlucht hinab. Wir belassen es lieber bei den nassen Füßen und wandern vom Parkplatz aus noch zum kleinen Wasserfall Skakavica (42.990443, 19.070477).

Geführte Canyoning-Touren
Eine Canyoning-Tour durch den Kanjon Nevidio kann bei diversen Anbietern gebucht werden, z. B. hier: nevidio-canyoning.com, montenegro-canyoning.com/en/kanjoning-ture/nevidio

Wir fühlen uns an diesem idyllischen Ort so wohl, dass wir über Nacht bleiben. Der Bus wird an den Fluss umgeparkt, und dort verbringen wir eine ungestörte Nacht.

Unser Übernachtungsplatz am Fluss
GPS: 42.990896, 19.068438

Zurück auf der M6, durchqueren wir am nächsten Tag den Ivica-Tunnel und sind kurz darauf im Wintersportort Žabljak. Das Touristenbüro im Ort ist wenig hilfreich, also versuchen wir unser Glück im Nationalpark-Besucherzentrum (43.155227, 19.104811). Mit vielen Wandertipps und einer großen Landkarte (5 Euro oder online unter durmitornp.com/durmitor-maps) spazieren wir wieder heraus und beziehen Lager auf dem Autocamp Mlinski Potok. Der Campingplatz versprüht den Charme eines Bergsteiger-Camps, aber angesichts der Wahnsinnsaussicht auf das Durmitor-Massiv stört uns das nicht weiter. Wir ergattern einen schönen Platz auf der zweiten Wiese zwischen Wildblumen, über denen Schmetterlinge tanzen.

Autocamp Mlinski Potok
Pitomine bb, Žabljak 84220,
autocampmlinskipotok.com
GPS: 43.155697, 19.101440

Vom Campingplatz können wir zu Fuß zur Drei-Seen-Wanderung aufbrechen. Der zwölf Kilometer lange Rundweg zu den Seen Crno, Zminje und Barno ist mehr Spazier- als Wanderweg und wirklich schön. 2 **Crno jezero**, der Schwarze See, ist ein echter Touristen-Hotspot, und am Weg finden wir immer wieder tolle Badestellen. Am kleinen Waldweiher Zminje jezero, dem Schlangensee, ist dann viel weniger los. Am fast verlandeten Barno jezero sind wir schließlich allein. Eigentlich hatten wir nach dieser Tour noch eine zweite Wanderung geplant, aber am Bus erliegen wir der Schönheit der Aussicht und versumpfen auf unseren Campingstühlen.

Leider geht unser Wanderplan auch am folgenden Tag nicht auf, denn der Sessellift am Skizentrum Savin Kuk ist geschlossen. Der Plan war, vom oberen Ende des Lifts zum 2313 Meter hohen Aussichtsberg Savin Kuk aufsteigen. So ganz ohne Lift-Support kneifen wir dann aber doch und suchen uns eine weniger anstrengende Tätigkeit: Wir fahren zurück zum Schwarzen See und chillen in der Sonne. Bis uns der Hunger schließlich vom See vertreibt, dauert es ein paar Stunden. Wir probieren noch das Restaurant am See (es ist eher mittelgut), anschließend geht es zur nächsten Etappe, dem 3 **Durmitor-Ring**. Diese Panoramatour führt 76 Kilometer auf

Oben: Spaziergang um den Schwarzen See
Unten: Pause am einsameren Schlangensee

schmalen Bergstraßen rund um das Durmitor-Gebirge. Die Strecke ist asphaltiert und kann mit jedem normalen Van befahren werden. Klar, dass wir uns das nicht entgehen lassen.

Infos zur Durmitor-Runde
Infos, Karten und sogar Audioguides über Montenegros Panoramastraßen und die Durmitor-Runde findet ihr unter folgendem Link: montenegro.travel/de/entdecke-montenegro/natur-und-abenteuer/panoramastrassen-von-montenegro. Vergesst nicht zu tanken, denn unterwegs gibt es keine Möglichkeit dazu.

Wir starten im Uhrzeigersinn, und vom Einstieg aus (43.098382, 19.106912) geht es hinauf ins erste Hochtal. Weit kommen wir nicht, denn die Durmitor-Runde ist der totale Wahnsinn. Hoch über sanften Weiden zieht sich die Straße zwischen Bergen mit schroffen Klippen aus senkrecht aufgefaltetem Sedimentgestein. So etwas haben wir noch nie gesehen. Nein, wir wollen hier nicht einfach durchfahren, sondern stehen und staunen. Und das geht, denn auf der Durmitor-Runde ist freies Übernachten im Van erlaubt. Wir fahren von der Straße ab und einen steilen, steinigen Track ins Tal hinunter (der ist zwar ohne 4×4 machbar, erfordert aber unbedingt erhöhte Bodenfreiheit). Dann stehen wir inmitten der atemberaubenden Bergkulisse und können unser Glück kaum fassen.

Als wir am Abend auf einem großen Stein sitzen, hören wir aus der Ferne Glockenläuten. Eine Herde Schafe trabt den Berg herunter und versammelt sich um unser Auto. Eine junge Hirtin läuft in Adiletten hinterher und hört dabei Hip Hop aus ihrem Mobiltelefon. Sie grüßt uns freundlich und verschwindet mitsamt den Schafen hinter einem Hügel. Wir schauen uns grinsend an und sind froh, dass die Herde unseren Bus nicht mitgenommen hat.

Unser Übernachtungsplatz mit Bergkulisse
GPS: 43.09127, 19.09576,
Einfahrt: 43.091822, 19.100193
Auf der Runde gibt es mehrere Stellen, die sich zur Übernachtung eignen. Abends kommen ggf. Ranger vorbei und kassieren die Nationalparkgebühr.

Auch am Tag darauf kommen wir nur langsam weiter. Am liebsten würden wir die ganze Zeit im Kriechgang fahren, weil die Aussicht so unglaublich schön ist. Am Pass **Prevoj Sedlo** starten wir zu einer Wanderung, die seilgesichert eine ausgesetzte Klippe entlang

Oben links: Auf dem Weg zum Zeleni Vir
Oben rechts: Schafsbesuch an unserem Übernachtungsplatz im Durmitor
Unten: Die Berglandschaft des Durmitor haut uns wirklich um.

und über wunderschöne Blumenwiesen zum winzigen See Zeleni Vir führt. Inmitten der atemberaubenden Gebirgslandschaft picknicken wir, bevor es zurück zum Van geht.

Für die weitere Strecke brauchen wir den ganzen Tag, denn sie ist absolut wundervoll. Im hohen Gras an den Straßenrändern blühen Wildblumen, und überall schwirrt und summt es. Erst am Abend erreichen wir die steilen Serpentinen, die in den Kanjon Sušice führen. Am See **Sušičko jezero**, der im Sommer eine große Wiese ist, übernachten wir vor der geschlossenen Schutzhütte. Dort sprudelt eine Quelle, und auf einer Bank genießen wir den Blick auf eine Waldlandschaft, die von Bob Ross gemalt sein könnte. So hat der sich ganz bestimmt seine happy little trees vorgestellt. Den Wald schauen wir uns am nächsten Tag genauer an und wandern am See aus Gras entlang ins Urwaldtal hinein. Auf den Lichtungen zwischen uralten Bäumen wächst Bärenklau und Laserkraut, und Hunderte Schmetterlinge bevölkern die Blüten.

Auf steiler Serpentinenstraße fahren wir später aus dem Canyon heraus zum Aussichtspunkt am Veliki Štuoc. Von dort lässt sich weit ins Land und in die berühmte Tara-Schlucht schauen. Sie ist 78 Kilometer lang, bis zu 1300 Meter tief und damit eine der tiefsten Schluchten der Welt. Genau da wollen wir hin. Doch dafür müssen wir erst nach Žabljak zurück. Auf der M6 biegen wir links ab, und 30 Kilometer später sehen wir die Tara wieder. Diesmal stehen wir auf der berühmten 4 **Đurđevića-Tara-Brücke**. Sie spannt sich 150 Meter hoch über den Canyon, und der Blick von ihrer Mitte ist so spektakulär wie schwindelerregend. Und es ist richtig was los: Die Straßen vor der Brücke werden von Shops und Restaurants gesäumt, und findige Verkäufer versuchen, Touristen zum Ziplining und Rafting zu überreden.

Statt über die Brücke zu fahren, biegen wir davor nach rechts auf die Landstraße R10 ab, die in die Schlucht zur Tara hinabführt. Auf der schmalen Straße rollen wir am Fluss entlang durch Wald und schroffe Felsen und haben immer wieder tolle Aussicht auf die hohen Canyon-Wände. Wir beschließen, hier nicht einfach durchzufahren, und checken auf einem Campingplatz ein. Der erweist sich als echter Glücksgriff, denn die Betreiberfamilie ist so herzlich um ihre Gäste bemüht, wie wir es selten erlebt haben. Und nebenbei kann man dort auch noch in der eisigen Tara baden und richtig lecker essen.

Eko Oaza Tear of Europe
Dobrilovina bb, Dobrilovina 84205,
Tel: +38269103112
ekooazatara@gmail.com
GPS: 43.017266, 19.410247
Die Betreiberfamilie bietet auch Kajak-, Rafting- und Quad-Touren an.

Oben: Unser Abend an der Bob-Ross-Aussicht
Unten links: Die Đurđevića-Tara-Brücke
Unten rechts: Campingplatz eko Oaza in der Tara-Schlucht

Als wir am nächsten Morgen aufbrechen, begleiten wir den Fluss noch kilometerlang. Irgendwann weitet sich das Tal, und bei Mojkovac biegen wir nach Süden auf die E65/M6. Auch diese Straße folgt der Tara, und wir verlassen sie erst, als die Schilder in ein Seitental zum Nationalpark Biogradska Gora weisen.

Im Urwald Biogradska Gora

Montenegros kleinster 5 **Nationalpark Biogradska Gora** gilt mit seinen bis zu 500 Jahre alten Bäumen als einer der letzten echten Urwälder Europas. Eine schmale Straße führt hinein, und wir können direkt am Biogradsko jezero parken, dem untersten von sechs Gletscherseen im Park. Nach einem Picknick am Bootsanleger erkunden wir den Urwald auf dem dreieinhalb Kilometer langen Naturlehrpfad, der um den See herumführt. Über wurzelige Pfade und auf Holzstegen wandern wir unter den gigantischen Bäumen durch Feuchtgebiete voller riesiger Pestwurzblätter.

Oben: Am See Biogradsko jezero
Unten: Wanderweg durch den Urwald Biogradska Gora

Panoramaroute

Wer mit einem 4x4-Fahrzeug unterwegs ist, kann vom Biogradsko jezero auf einer 30 Kilometer langen Pistenrunde die Höhenlagen des Nationalparks erkunden. Die Strecke führt durch Hochweiden des Zekova Glava auf bis zu 2000 Meter Höhe. Informationen erhaltet ihr bei der Parkverwaltung in der Hütte am See. Die Strecke ist auch als geführte Quad-Tour machbar, z. B. hier: go2trail.com/package/guided-atv-tours-biogradska-gora-montenegro

Vom Park fahren wir zurück zur E65 und an der Tara weiter nach Süden. In Bakovići biegen wir ab und machen für eine Nacht Station auf dem süßen, von Niederländern geführten Campingplatz Lipovo.

Camp Lipovo

Bistrica 58 Lipovo, Kolašin 81210,
Tel. +382 67 075007,
hermusloes@gmail.com
GPS: 42.857318, 19.486952

Nach einer regnerischen Nacht fahren wir unter bleigrauen Wolken weiter. Um nach Berane zu kommen, führt uns das Navi in Kolašin auf eine namenlose Landstraße in ein Skigebiet in den Bergen. Doch wo nach 20 Kilometern bei Osmand ein Tunnel kommen soll, ist in der Realität bloß Baustelle. Unser Navi beharrt auf der Tunneldurchfahrt und ist äußerst irritiert, als wir stattdessen eine

Schotterstraße über die Berge nehmen. Die rumpelige Fahrt beschert uns zwar hübsche Weitblicke, ist sonst aber eher nur für Fans von üblen Schlaglochpisten.

Tourenvariante
Wenn ihr keine Lust auf die Piste habt und der Tunnel immer noch nicht fertig sein sollte, könnt ihr einfach von Kolašin bis Mateševo weiterfahren und die Straße R19 durch die Täler nehmen.

Auf der anderen Seite des Berges führt vom Tunnelausgang eine seltsam leere Neubaustraße durch malerische Täler nach Berane im breiten Tal des Lim. Auf der R2 folgen wir dem Fluss nach Süden. Als wir am See Plavsko jezero vorbei sind, können wir in der Ferne die ersten Gipfel des Prokletije sehen, und in Gusinje sind sie dann zum Greifen nah. Kurz nach der Brücke über die Grnčar fahren wir auf eine schmale Straße und durch das Dörfchen Dolja ins Grbaja-Tal.

Die verwunschenen Berge

Der 6 **Nationalpark Prokletije** ist nur ein kleiner Teil des Prokletije-Massivs. Der größte Teil der »Verwunschenen Berge« gehört zu Albanien und ein Stück zum Kosovo. Dieses Hochgebirge ist so zerklüftet, dass manche Täler noch im 20. Jahrhundert unerforscht waren – Europas letzte Terra incognita. Das **Grbaja-Tal** wurde einst von einem Gletscher geformt und wird von den schroffen Bergen der Valušnica-Gruppe umschlossen. Fast ganz an seinem Ende ist ein malerischer freier Camping-Spot, von dem mehrere Wanderungen starten. Für diesen Abend reicht uns aber schon der Logenplatz auf einem großen Felsen mit Ausblick auf die spitzen Berge des verwunschenen Gebirges.

Am nächsten Morgen ist die Hälfte unseres Teams von Migräne geplagt, und aus der geplanten strammen Wanderung zum Kamm des Talijanka wird ein gemütlicher Spaziergang in den Grbaja-Talkessel. Das ist aber nur halb so schlimm, denn auch dort finden wir es absolut bezaubernd.

Wanderung auf dem Talijanka
Die Panorama-Aussicht vom schmalen Kamm des Talijanka müssen wir wohl ein anderes Mal erleben. Vielleicht habt ihr ja mehr Glück? Infos unter: komoot.de/smarttour/796759/zoom

Nach unserem Picknick im Talkessel wechseln wir die Location. Mit dem Van geht es nach Gusinje zurück, dann nach Vusanje und weiter ins **Tal von Ropojana**. Hier liegt ganz

Oben: Unsere Umfahrung durch die Berge ist recht holperig.
Unten: Wanderung ins traumhaft schöne Ropojana-Tal

unscheinbar am Weg einer der schönsten Orte, den wir auf unserer Balkanreise entdecken durften: **Oko Skakavice** (42.511902, 19.834899), das »Auge des Grashüpfers«, ist eine Karstquelle, die hier einen kleinen See bildet. Der ist so klar, dass wir von seinem Rand aus sicherlich acht Meter in die irisierend blaue Tiefe schauen können. Uns bleibt echt die Spucke weg. Das gilt auch für unseren Badeversuch: Das Wasser ist so irre kalt, dass wir nur ein paar Sekunden darin aushalten. Wie gut, dass niemand unsere Schreckensschreie hören kann, denn am magischen Auge des Grashüpfers sind wir ganz allein.

Durch das Ropojana-Tal führt der 192 Kilometer lange Fernwanderweg »Peaks of the Balkans«, der das Prokletije-Gebirge durchquert. Ein kurzes Stück davon wollen wir erwandern und folgen der Piste zu Fuß ins wildromantische Tal zum See **Liqeni i Gjeshtarës**. Kurz dahinter liegt die Grenze zu Albanien und zwei Pässe weiter das berühmte Bergdorf Theth. So weit kommen wir heute nicht, genießen aber noch ausgiebig die wunderbare Berglandschaft am Ende des Tals. Später verbringen wir die Nacht auf einem wunderschönen Picknickplatz am Taleingang und halten beim Frühstück am nächsten Morgen immer wieder Plausch mit den Wanderern, die auf ihrer Peaks-Tour an uns vorbeilaufen. Wir schauen ihnen wehmütig hinterher, doch auf uns wartet eine andere Etappe: der Kosovo. Aber bevor wir davon erzählen, berichten wir euch noch von Montenegros wunderschöner Küste.

Oben links: Die schroffen Gipfel des Prokletije im Grbaja-Tal
Oben rechts: Hinter diesen Bergen beginnt Albanien.
Unten: Die Karstquelle Oko Skakavice war für uns ein magischer Ort.

Unsere Übernachtungsplätze
Grebaje-Tal, GPS: 42.520416, 19.785064
Ropojana-Tal, GPS: 42.50909, 19.83330

An Montenegros Adriaküste

… Zwei Monate später reisen wir wieder in Montenegro ein, diesmal von Süden. Die Grenzkontrolle in Bozaj verläuft entgegen anderen Berichten zügig, dann rollen wir auf der E762 ins Land. Statt in die Hauptstadt Podgorica zu fahren, biegen wir hinter der Grenze auf eine Landstraße, die uns über Dörfer zur E80 Richtung Küste bringt. Als Dammweg durchquert diese das Zuflussdelta des Fusses Morača in den Skutarisee. Das riesige Sumpfgebiet bildet den 7 **Nationalpark Skadarsko jezero**, aus dessen Wasser grüne Inseln und der Berg Vranjina ragen. Mit den Gipfeln der Bergketten Rumija und Paštrovići dahinter sieht das wunderschön aus. An der alten Brücke in Virpazar machen wir halt. Hier lassen sich Kajaks mieten und Bootstouren in den Park buchen.

Boot fahren auf dem Skutarisee
Das sumpfige Delta des Skadarsko jezero ist ein Vogelparadies. Bootstouren können bei diversen Anbietern in Virpazar gebucht werden, z. B. bei boatmilica.com/tours.

Uns zieht es ans Meer, und so geht die Fahrt weiter durch den mautpflichtigen Sozina-Tunnel an Montenegros Adria. Wir biegen nach Norden ab und suchen uns einen nicht zu überlaufenen Strand. In der Nebensaison ist das gar nicht so schwer. In Buljarica kann man zwar mit dem Van direkt am Strand stehen, doch ist uns das zu öffentlich und dafür etwas teuer. Wir quartieren uns lieber auf dem kleinen Campingplatz dahinter ein und gehen zu Fuß an den Strand. Und der ist ein ziemlich perfekter Ort für den Sonnenuntergang.

Camping Maslina
Buljarica bb, Petrovac 85300,
campingmaslina.com/de
GPS: 42.198023, 18.965958

Tags darauf geht es weiter nach Norden. Die Küstenstraße führt nach 8 **Sveti Stefan**, einer süßen, etwas touristischen Stadt mit vorgelagerter Insel. Die Insel ist ein Hotel, und nur Gäste haben Zutritt. Also fahren wir einen steilen Berg hinauf zur kleinen Kirche St. Sava (42.2579139, 18.901016). Von dort haben wir einen tollen Blick auf Sveti Stefan, und es stört kein bisschen, dass wir nicht im Hotel wohnen.

Unser nächster Stopp ist die Altstadt von 9 **Budva**. Dort einen Parkplatz zu finden ist gar nicht so einfach. Schließlich gelingt es uns, und der bewachte Platz (42.28073, 18.83526) ist nicht einmal teuer. Im Segelhafen von Budva liegen Superjachten neben Fischerbooten, und Ausflugsbootsbesitzer warten auf Kundschaft. Auf einer Landzunge liegt die hübsche Altstadt **Stari Grad**, deren Stadtmauern zum Teil noch von den Phöniziern stammen. Wir spazieren zur **Zitadelle** und zu den Kirchen **Sveti Trojica** und **Sveti Ivan**. Vom Stadtstrand aus können wir die Insel **Sveti Nikola** schräg aus dem Wasser ragen sehen. Wir setzen uns mit einem Eis auf eine Mauer in die Sonne, bevor wir uns auf den Rückweg machen, denn wir haben heute noch ein paar Höhenmeter vor uns.

Direkt hinter Budva geht die M10 von der Küstenstraße E80 ab und windet sich steil hinauf in die Berge. Von hier haben wir einen tollen Blick auf die Felsenküste, dann verschwinden wir in den grünen Hügeln des Hinterlandes nach Cetinje, Montenegros frühere Hauptstadt im Hochland.

Oben links: Die Insel vor Sveti Stefan ist für Besucher gesperrt.
Oben rechts: Auf dem Campingplatz Maslina wachsen Granatäpfel.
Unten: Felsenküste am Kap Kricevac

Abstecher für Mutige

Wenn ihr vor Cetinje mit der M10 nach Osten abbiegt, könnt ihr einen Abstecher zur Aussicht Pavlova Strana (42.363302, 19.060556) auf die Flussschleife des Crnojević machen. Doch Vorsicht, die einspurige Abfahrt ist nichts für schwache Nerven. Vom Abzweig (42.377323, 19.057978) führt die Straße so steil und eng ins Tal, dass wir in den Kehren selbst mit unserem kurzen Auto mehrfach zurücksetzen mussten. Der Weg hat keine Randbegrenzung und kaum Ausweichstellen. Falls euch dort jemand entgegenkommt, müsst ihr die Strecke auch im Rückwärtsgang befahren können. Wer sich das nicht sicher zutraut, sollte zu Fuß absteigen oder über 42.382547, 19.103212 anfahren.

Zum Mausoleum im Nationalpark Lovćen

Von Cetinje nehmen wir die schmale Straße R25 in die Berge des 10 **Nationalparks Lovćen**. Mit jedem Meter, den wir höher kommen, wird die Landschaft karger und karstiger. Dann können wir den Jezerski Vrh sehen. Auf diesen 1657 Meter hohen Berg wollen wir morgen. Am Fuß des Štirovnik finden wir eine zauberhafte Übernachtungsstelle unter einer herbstlich roten Buche. Dort genießen wir das Abendrot, bis der Mond aufgeht.

Am nächsten Morgen lassen wir den Bus unter der Buche stehen und steigen zu Fuß zum Jezerski Vrh auf. Dort steht das **Njegoš-Mausoleum**, in dem Montenegros berühmtester Dichter, der ehemalige Fürstbischof Petar II. Petrović-Njegoš, begraben ist. Er gilt als Begründer des modernen Staates Montenegro und das Grab als Nationalheiligtum. Die Serpentinenstraße lässt sich durch den knorrigen Bergbuchenwald stramm bergauf abkürzen, und dann stehen wir am Fuß einer langen Treppe. Hier ist ziemlich was los und das Restaurant ist voll besetzt. 461 Stufen später betreten wir die prunkvolle Grabkammer, in der eine große Marmorskulptur unter goldenem Gewölbe über den toten Fürsten wacht.

Doch für uns liegt die eigentliche Sensation hinter dem Mausoleum. Von einer Aussichtsplattform können wir fast ganz Montenegro überblicken. Unter uns liegt das Meer, und in der Ferne sind die Berge des Durmitor zu erkennen. Was für ein unglaubliches Panorama! Und auch unser nächstes Ziel sehen wir, die Bucht von Kotor. Um dorthin zu kommen, steigen wir den Wanderweg wieder ab und verabschieden uns von der roten Buche. Die R25 führt um den Štirovnik herum und auf dem Weg ins Tal immer wieder an fantastischen Aussichtspunkten vorbei.

Unser Übernachtungsplatz unter der Buche

GPS: 42.40128, 18.82561

Oben: Aussicht auf die Flusskehre des Crnojević
Unten: Unser Übernachtungsplatz zu Füßen des Njegoš-Mausoleums im Nationalpark Lovćen

Die Bucht von Kotor

Auf der R1 erreichen wir bald die 11 **Serpentinen von Kotor** (42.403803, 18.785461). In sechzehn engen Kehren schraubt sich die Straße mit grandioser Aussicht fast 500 Meter in die Tiefe. Von hier oben sehen die vier Buchten von Kotor wie norwegische Fjorde aus. Die Strecke ist zwar manchmal etwas eng, aber problemlos zu fahren. Für alle, die beim Pavlova Strana waren, ist das Tüddelkram. Da wir uns Kotor erst am Tag darauf anschauen wollen, suchen wir uns eine Bleibe für die Nacht. Die finden wir beim **Turmfort Gorazda** (42.39550, 18.76386), einem verlassenen Militärfort der österreich-ungarischen Armee, das sich auf eigene Faust erkunden lässt. Doch Vorsicht: Um das Fort herum führt ein tiefer Graben, und die ganze Anlage ist ungesichert. Am Abend sitzen wir am eisernen Geschützturm auf dem Dach des Forts und schauen zu, wie der Sonnenuntergang den Himmel und die Fjorde von Kotor in rotgoldene Farben taucht.

Unser Übernachtungsplatz am Fort Gorazda
GPS: 42.395496, 18.763816
Vorsicht, dass ihr euch an den spitzen Eisenteilen, die dort aus dem Boden ragen, keinen Platten holt!

Bis nach 12 **Kotor** ist es am nächsten Tag nicht weit, und wir parken an einem Supermarkt (42.417560, 18.767221). Nach einem Großeinkauf schlendern wir zur Altstadt. Die ist wirklich toll, doch auch hier drängt sich uns ein Vergleich mit Norwegen auf. Wie im Geirangerfjord ankern vor Kotor riesige Kreuzfahrtschiffe, und Guides mit roten Schirmen lotsen deren Reisende in nummerierten Gruppen durch die engen Gassen. Wir flüchten auf die Festungsmauern und schauen uns das Spektakel von oben an. So schön die Stadt auch ist, wir ziehen lieber weiter.

Als wir ein paar Kilometer später in 13 **Perast** Pause machen, finden wir es dort schöner. Auch dieses mondäne Städtchen ist fest in Touristenhand, doch flaniert es sich zwischen hübschen Villen und der Kirche etwas entspannter. Wir suchen uns ein Café an der Promenade aus und schauen von dort zu, wie die Ausflugsboote zu den Inseln **Sveti Đorđe** und **Gospa od Škrpjela** ablegen. Danach fahren wir auf der E80 immer an der Bucht entlang zur Grenzstation in Karasovići. Auf Wiedersehen, kleines schönes Montenegro!

Oben links: Die Sankt-Tryphon-Kathedrale in Kotor ist die größte noch erhaltene romanische Kirche der östlichen Adriaküste.
Oben rechts: Blick auf die Bucht von Kotor
Unten: Perast hat uns sehr gut gefallen.

PIZZERIA Sara

Reiseinfos zu Montenegro

Währung Euro

Zeitverschiebung keine (MEZ/MESZ)

Notrufnummern kein Euro-Notruf
Polizei: 92 oder 122, Feuerwehr: 93 oder 123, Notarzt: 94 oder 124

Einreiseregeln/Wichtige Reisedokumente
Grenzkontrollen sind bei Ein- und Ausreise obligatorisch. Für deutsche Staatsbürger gelten Reisepass oder Personalausweis. Führerschein, Fahrzeugschein und Grüne Versicherungskarte sind notwendig, dort muss das Länderkürzel MNE vorhanden sein.

Internet/Netzabdeckung/Netzgeschwindigkeit
Es gilt kein kostenfreies EU-Roaming. Alle regionalen Anbieter haben Prepaid-Angebote für Touristen mit außergewöhnlich hohem Datenvolumen. Bestes Netz in Montenegro hat Crnogorski Telekom, gefolgt von 1-One (ehemals Telenor) und m:tel. Unsere Karte von m:tel mit 500 GB funktionierte selbst in den Bergen problemlos mit 4G.

Freies Übernachten
In Montenegro ist freies Campen und Übernachten verboten. Besonders in den Küstenregionen wird kontrolliert, und zum Teil werden drastische Strafen erhoben. In einigen National- und Naturparks ist freies Übernachten erlaubt, bitte informiert euch vor Ort über die genauen Regeln. Im Landesinneren wird Freistehen bei rücksichtsvollem Benehmen meist toleriert. Fragt auch dort um Erlaubnis, wenn ihr die Möglichkeit habt.

Camping-Infrastruktur
Besonders an der Küste ist Montenegros Camping-Infrastruktur perfekt ausgebaut. Im Landesinneren und in den Bergen ist das Angebot dünner, aber noch immer sehr gut. Dort sind die Plätze jedoch deutlich einfacher. Deutsche Standard-Gasflaschen werden in Montenegro nicht überall befüllt, aber mit etwas Suche wird man fündig. Ein Adapterset sollte dann vorhanden sein. Der Tausch von Gas-Pfandflaschen ist nicht möglich.

Trinkwasserqualität
Leitungswasser ist zwar meist trinkbar, aber häufig stark gechlort. Wir haben uns an die zahlreichen Trinkbrunnen und Quellen gehalten und hatten keine Probleme.

Tempolimits/Lichtpflicht/Straßenqualität
Innerorts gilt Tempolimit 50, außerorts 80, auf Schnellstraßen und Autobahnen 100 km/h. Es gilt auch tagsüber ganzjährig Lichtpflicht. Große Verbindungswege sind gut ausgebaut und

in gutem Zustand. Montenegro ist sehr bergig, dort müsst ihr mit sehr engen und steilen Straßen in teilweise sehr schlechtem Zustand rechnen. Einspurige Strecken mit unbefestigten Abschnitten sind keine Seltenheit.

Straßenmaut
Außer für einen Abschnitt der Autobahn A1 zwischen Bar und Boljare und für den Sozina-Tunnel der E80 werden in Montenegro bisher keine Mautgebühren erhoben. Genaue Infos findet ihr unter adac.de/reise-freizeit/maut-vignette/montenegro

Reisewortschatz – die Basics

Deutsch	Montenegrinisch (Crnogorski)
Hallo	Zdravo
Tschüss	Ćao!
Guten Tag!	Dobar dan
Auf Wiedersehen!	Zbogom
Ja / Nein	Da/Ne
Ja bitte / Nein danke	Da molim/Ne hvala
Danke	Hvala
Bitte	Molim
Entschuldigung	Izvinite
Sehr gut!	Dobro!
Ich heiße …	Zovem se…
Wie heißt du?	Kako se zoves?
Prost!	Živjeli!
Darf ich Englisch/Deutsch mit dir sprechen?	Mogu li govoriti engleski/njemački?
Ich brauche Hilfe.	Trebam pomoć.

Streckenlänge
420 Kilometer

Empfohlener Aufenthalt
4 bis 6 Tage

Highlights
Pristina und Prizren, Rugova-Canyon, serbisch-orthodoxe Klöster, Mirusha-Wasserfälle, Berge der Šar Planina, Bärenwald von Pristina

ETAPPE 5

KOSOVO

Kosovo

DAS LAND DER FREUNDLICHEN MENSCHEN

Die Republik Kosovo heißt auf Albanisch **Republika e Kosovës**, auf Serbisch **Republika Kosovo** – und ob der Staat überhaupt existiert, ist Ansichtssache. Noch immer wird um die internationale Anerkennung erbittert gestritten, denn die Wurzeln des Konflikts sind Jahrhunderte alt.

Das kleinste Land der Balkanhalbinsel ist etwa halb so groß wie Hessen und rundum von hohen Gebirgen umgeben. Dazwischen liegen die fruchtbaren Ebenen Metochien und Amselfeld, die vom Mittelgebirge Carraleva getrennt werden. Einen Zugang zum Meer hat der Kosovo nicht.

Im Kosovo leben knapp zwei Millionen Menschen. Davon sind etwa 92 Prozent Albaner und 5 Prozent Serben. Doch das war nicht immer so. In der Antike war der Kosovo von Illyrern besiedelt. Die Region wurde von Rom erobert und dann von Byzanz. Während der Völkerwanderung siedelten dort Slawen. Als das Byzantinische Reich zerfiel, teilten sich Serbien und Bulgarien das Land. Nach der Schlacht auf dem Amselfeld im Jahr 1389 gewann das Osmanische Reich nach und nach die Vorherrschaft in der Region und herrschte rund 350 Jahre lang. Das führte zu einem Exodus der serbischen Bevölkerung, und osmanische Albaner rückten nach.

Erst nach dem Ersten Weltkrieg fiel der Kosovo zu einem großen Teil erneut an Serbien. Im Zweiten Weltkrieg wurde das Land dem von Italien annektierten Albanien zugesprochen. Während der deutschen Besatzung wurden dann Tausende serbische Kosovaren vertrieben oder ermordet. Nach Kriegsende gehörte der nun mehrheitlich von Albanern bewohnte Kosovo als autonomer Teil Serbiens zum Jugoslawischen Staatenbund. In den 1970er- und 1980er-Jahren wuchs der autonome Status des Kosovo, doch wurde er 1989 von der serbischen Führung revidiert. In den Folgejahren erfuhr die albanische Bevölkerung systematische Unterdrückung durch die serbische Regierung unter Slobodan Milošević.

In die Höhle Shpella e Radacit bei Radavc verirren sich recht selten ausländische Touristen.

Ab Mitte der 1990er wandelte sich der meist gewaltfreie albanische Widerstand zum bewaffneten Guerillakampf der Befreiungsarmee UÇK (Ushtria Çlirimtare e Kosovës). Das führte 1998 zum Kosovokrieg, in dem beide Seiten schwere Kriegsverbrechen begingen. 1999 beendeten NATO-Truppen den Krieg, verhinderten aber nicht, dass noch 2004 in landesweiten Pogromen Tausende Serben und Roma vertrieben wurden. Seitdem werden serbische Enklaven und Kulturgüter von KFOR-Truppen beschützt. 2008 erklärte der Kosovo seine Unabhängigkeit, die bis heute international umstritten ist. Von weltweit 193 UN-Mitgliedsstaaten haben aktuell 117 Staaten den Kosovo als unabhängig anerkannt.

Wirtschaftlich geht es dem Kosovo nicht gut. Schon zu Zeiten Jugoslawiens war es die ärmste Region im Bund. Die kriegerischen Konflikte um seine Unabhängigkeit verschlimmerten die Situation noch weiter. Bis heute ist der Außenhandel extrem defizitär, Industrie und Landwirtschaft sind schwach, die Arbeitslosigkeit ist hoch. Der Kosovo ist von internationaler Hilfe und dem Geld im Ausland lebender Kosovaren abhängig. Die organisierte Kriminalität ist mächtig, und viele Politiker sind tief in Korruption verstrickt.

Das klingt so gar nicht nach einem tollen Reiseland. Und tatsächlich trifft man im Kosovo sehr wenig internationale Touristen. Hier machen vor allem Exil-Kosovaren Urlaub. Dabei ist das Land mit seinem Erbe aus serbischer und osmanischer Vergangenheit extrem spannend. Hier stehen die heiligsten Klöster der serbisch-orthodoxen Kirche und jahrhundertealte islamische Moscheen. Die Städte sind bunt und lebendig, und in den Bergen lässt es sich fantastisch wandern.

Was uns im Kosovo am meisten beeindruckt hat: die Freundlichkeit der Menschen. Wir wurden bisher in keinem Land der Welt so offen und herzlich empfangen. In wenigen Tagen haben wir dort so viele freundliche Begegnungen gehabt, dass sich ein Extrakapitel füllen ließe. Seid ihr schon mal von einem Busfahrer, der am Straßenrand sein Auto wäscht, zum Mokka eingeladen worden? Hat für euch schon mal jemand sein Date im Café sitzen lassen, um bei der Jagd nach einer Prepaid-Karte mitzuhelfen? Oder hat euch mal ein fremder Mensch ein Eis spendiert, weil er in Düsseldorf gewohnt hat? Nein? Dann fahrt doch einfach in den Kosovo!

Über den Kula-Pass

Um von Montenegros Bergen des Prokletije in den Kosovo zu kommen, fahren wir von Gusinje 50 Kilometer zurück nach Berane und biegen auf die E65 nach Rožaje ab. Dort führt die Landstraße R5 zum Grenzübergang im Gebirge. Die Ausreise ist schnell erledigt,

Oben: Unterwegs im Land der freundlichen Menschen
Unten: KFOR-Truppen bewachen das Kloster Visoki Dečani.

KFOR

doch bis wir in den Kosovo einreisen können, dauert es noch etwas. Wegen unklaren Grenzverlaufs schlängelt sich die Straße zehn Kilometer durch Niemandsland zum Kula-Pass hinauf und wieder runter zur Einreisekontrolle.

Da deutsche Kfz-Versicherungen im Kosovo nicht gelten, müssen wir an der Grenze eine regionale Versicherung abschließen. Als wir am Schalter des Versicherungsbüros unsere Papiere über den Tresen reichen, ruft es von drinnen aufgeregt: »Oh, Berliner, hallo!« Dann reicht uns der Versicherungsagent durch das kleine Fenster freudig seine Hand. Wir halten auf Deutsch einen so netten Plausch, dass wir fast vergessen, unsere Versicherung zu kaufen. Als wir schließlich mit einer Police und haufenweise Reisetipps über die Grenze fahren, winkt uns der Agent zum Abschied hinterher. Wir schauen uns ungläubig an und müssen konstatieren, dass das der netteste Grenzübergang unseres Reiselebens war. Was wir da noch nicht wissen: So ist das überall im Kosovo. Wir rollen die Serpentinenstrecke ins Tal und können in den Kehren weit in die Ebene des Kosovo schauen. Unten im Tal ist es dann nicht weit zu unserem ersten Halt.

Oben: Der Wasserfall des Weißen Drin ist ein bei Einheimischen beliebtes Ausflugsziel.
Unten rechts und links: Im Patriarchenkloster Peć

Am Weißen Drin

Kurz nach Radavc geht es ab zur Quelle des Weißen Drin, 1 **Ujëvara e Drinit të Bardhë** (42.73812, 20.306278). Dort bildet der Fluss einen 25 Meter hohen Wasserfall. Ganz in der Nähe besuchen wir die Tropfsteinhöhle **Shpella e Radacit**. Unsere junge Führerin Yllka vermittelt uns auf der Höhlentour in perfektem Englisch viel spannendes Höhlenwissen und erklärt uns auch, dass man hier sogar »echte« Höhlenexkursionen in die tieferen Bereiche buchen kann.

Geführte Höhlenerkundungen
Höhlenexpeditionen können z. B. über Outdoor Kosovo gebucht werden:
Ismail Qemajli 10A, Pejë 30000,
Tel. +383 49 168566, outdoorkosova.com

Auf dem Rückweg gönnen wir uns einen Kaffee im Restaurant des Resorts Ujevara e Drinit, das sehr gut besucht ist. Angesichts der Lage direkt am Fluss können wir das gut verstehen.

Restaurant Resort Ujevara e Drinit
booking.com/hotel/xk/
resort-ujevara-e-drinit-peje.de.html
GPS: 42.737573, 20.310258

Im heiligen Patriarchenkloster Peć

Auf der R106 fahren wir nach Peć und biegen zum serbisch-orthodoxen ❷ **Patriarchenkloster Peć** (42.660280, 20.265531) ab. Das liegt hinter hohen Mauern und wird von Polizisten bewacht. Die fragen wir, wo sich hier parken lässt, und sie erklären uns, dass wir innerhalb der Mauern parken können, wenn wir unsere Personalausweise hinterlegen. Wir sind die einzigen Besucher in der Anlage. Im Klostergarten wächst ein uralter Maulbeerbaum, und das Kloster selbst gilt als heiligster Ort der serbisch-orthodoxen Kirche. Die Ruhe ist vollkommen, und uns wundert, dass ein solcher Ort so spärlich besucht ist.

Rugova-Canyon

Dann wagen wir uns auf die Straße durch den ❸ **Rugova-Canyon** (42.664930, 20.230768), die sich am Fluss entlangwindet. An manchen Stellen wurden schmale Tunnel in den nackten Fels gehackt, die so eng und niedrig sind, dass wir uns am liebsten ducken würden. Doch hier sind selbst große Lkw unterwegs, die sich dann eben mit dem Gegenverkehr arrangieren. Am Fluss sind immer wieder tolle Picknickstellen auszumachen, aber wir haben ein anderes Ziel. Als sich der Canyon weitet, biegen wir nach rechts auf eine enge Piste ab, steil hinauf zu einem kleinen Bauernhof. Hier entlang führt nämlich der Weitwanderweg »Peaks of the Balkans«, und die Bauernfamilie betreibt eine Wanderherberge. Wir dürfen unseren Bus auf eine Wiese neben die Bujtina Kaçaku stellen und später beim leckeren Essen von der Terrasse den tollen Blick ins Rugova-Tal genießen.

Unser Übernachtungsplatz auf dem Bauernhof
Guesthouse Bujtina Kaçaku
Lakë Pepa, Drelaj, Tel. +383 48 142758
GPS: 42.709428, 20.120543

Das isolierte Kloster Visoki Dečani

Bevor wir uns am nächsten Tag wieder auf den Weg ins Tal machen, starten wir nach dem Frühstück noch zu einer kleinen Wanderung in die Wälder rund um die Herberge. Es ist schon Nachmittag, als wir schließlich wieder durch den Canyon nach Peć zurückkurven. Wir wollen zu einem weiteren serbisch-orthodoxen Heiligtum, dem ❹ **Kloster Visoki Dečani** (42.545962, 20.265795). Auf der R107 fahren wir durch Deçan und biegen auf die R108 ab. Um zum Kloster zu kommen, müssen wir erst zwei schwer gesicherte Militärkontrollpunkte passieren, denn wegen der anhaltenden ethnischen Konflikte wird das Kloster bis heute von der NATO-Schutztruppe

Auf Motivsuche im Rugova-Canyon

KFOR bewacht. Als wir neben dem gepanzerten KFOR-Fahrzeug parken, sieht unser Bus dagegen richtig winzig aus.

Am Klostereingang begrüßt uns ein junger Mann. In perfektem Englisch bietet er an, uns durch die Anlage zu führen. Das nehmen wir gern an, und in der folgenden Stunde erfahren wir viel über die Klostergeschichte und den serbisch-orthodoxen Glauben. Und über den langen und blutigen Konflikt zwischen Serben und Albanern. Obwohl Aleks Vortrag nicht unparteiisch ist, finden wir ihn wirklich exzellent, denn es wird klar, wie unversöhnlich sich die Seiten noch heute gegenüberstehen. Als wir ihm zum Abschied ein Trinkgeld geben möchten, lehnt Alek ab und verweist auf den allgemeinen Spendentopf des Klosters. Den nutzen wir und kaufen im Klosterladen auch gleich noch Käse für die Weiterfahrt.

Weil wir so tolle Erfahrung mit der Bujtina Kaçaku gemacht haben, wollen wir das Übernachtungskonzept wiederholen. Nicht weit vom Kloster liegt das Restaurant Gryka Deçanit, und auch dort darf man übernachten. Wir werden herzlich begrüßt, als wir uns zum Abendessen ins Restaurant setzen. Auf dem Parkplatz am Fluss verbringen wir eine ruhige Nacht.

Oben: Badestelle in der Nähe des Klosters Visoki Dečani. Übernachten wird hier von den Soldaten des nahen KFOR-Postens nicht geduldet.
Unten: Das Camp an den Mirusha-Wasserfällen hat Festival-Charakter.

Unser Übernachtungsplatz beim Restaurant
Gryka Restaurant Deçanit
Rurga e manastirit, km i 3-te, Deçan,
Tel. +383 44 274 267
GPS: 42.550086, 20.254898

Oase an den Mirusha-Wasserfällen

Am nächsten Tag fahren wir auf der R201 und auf schmalen Nebenstraßen quer durchs Land nach Osten. Die Straßen winden sich durch grünes Hügelland und sind wie in England rechts und links von Hecken gesäumt. In den Dörfern wehen albanische Fahnen, und überraschend viele Menschen grüßen uns. Wir wollen in die Berge der Carraleva, wo der Fluss Mirusha über 14 Wasserfälle durch einen engen Canyon fließt.

Von der M91 biegen wir auf eine wirklich üble Schotterpiste (42.517445, 20.558515) ab, die uns zu einem Parkplatz bringt. Von dort sind es nur ein paar Schritte in die Schlucht. Darin finden wir eine kleine grüne Oase, die an die Badelandschaft der Kravica-Wasserfälle in Bosnien-Herzegowina erinnert. Bloß hat das hier den Charme eines Hippie-Festivals: Zwischen Bäumen stehen ein alter Wohnwagen und zwei selbst gebaute Cafés, und über die Bäche führen schiefe Bretterstege. Vom Badesee am ersten 5 **Mirusha-Wasserfall** (42.52381, 20.58190) klettern wir einen schmalen Pfad am Fels entlang zu drei weiteren Badegumpen – eine schöner als die andere. Wir springen in den kalten Fluss und trocknen uns auf den Felsterrassen. Hier ist es so schön, dass wir den Rest des Tages mit Baden verbringen und auf dem Parkplatz an den Fällen übernachten.

Tourenvariante
Wenn ihr euch die fiese Schotterpiste sparen wollt, könnt ihr von der M91 auch an anderer Stelle abzweigen (42.524627, 20.561923) und nach einem kurzen Spaziergang zu den Wasserfällen gelangen. Auf dieser Seite des Flusses lässt sich jedoch nicht übernachten.

Orientalisches Prizren

Nach unserem tollen Badetag sind wir bereit für etwas Stadtkultur. Die R111 bringt uns am Weißen Drin entlang nach Süden. Um 6 **Prizren**, die zweitgrößte Stadt im Kosovo, zu besuchen, parken wir etwas außerhalb und laufen vom Parkplatz (42.210156, 20.748173) am Fluss entlang in die Innenstadt. Auf dem Basar um die **Sinan-Pascha-Moschee** ist richtig was los, und am Wahrzeichen der Stadt, der osmanischen Steinbogenbrücke **Ura e gurit** über die Bistrica, reihen sich Cafés an Cafés. Wir lassen uns eine Weile durch das quirlige Gewusel treiben und genießen das orientalische Flair. Dann machen wir noch einen Ausflug hinauf zur alten Festung **Kalaja e Prizrenit**.

Die Wasser des Šar Planina

Von Prizren führt uns die R115 durch einen schmalen Canyon in den 7 **Nationalpark Sharr** im Gebirge Šar Planina. Hier verläuft die Wasserscheide zwischen Adria und Ägäis, und das kleine Dörfchen Prevalla liegt genau darauf. Im Winter herrscht hier Skibetrieb, im Sommer ist das Dorf Luftkurort. Schon von Weitem können wir auf dem Grashang über dem Ort Hunderte Menschen in der Sonne sitzen sehen.

Oberhalb des Hügels finden wir einen ebenen Übernachtungsplatz für den Bus. Hier sprudeln gleich mehrere Quellen aus dem Berg, denen heilende Wirkung nachgesagt wird. Die Aussicht ist fantastisch. Manche Spaziergänger sprechen uns auf Deutsch an. Viele haben in den 1990er-Jahren auf der Flucht vor dem Krieg eine Weile in Deutschland gelebt oder dort gearbeitet. Nun platzen sie fast vor Stolz, dass wir sie besuchen kommen. Die Stimmung ist so herzlich und entspannt, wie wir es selten irgendwo erlebt haben. Und so kommt es, dass wir, statt zu wandern, mit wildfremden Menschen quatschen, die uns das Gefühl geben, wir seien Teil ihrer Familie.

Oben links: In der Altstadt von Prizren
Oben rechts: Die Sinan-Pascha-Moschee
Unten: Pristinas Wahrzeichen, die Ura e gurit über die Bistrica

Endless.s

Unser Übernachtungsplatz im Nationalpark
GPS: 42.16899, 20.96268

Wandern im Nationalpark
Falls ihr Zeit habt und ein wenig wandern wollt, könnt ihr vom Übernachtungsplatz über den Prevalla-Gipfel zur Quelle des Lumbardhi i Prizrenit laufen oder zu einer Hochgebirgstour über den Gužbaba und Peskovi an der Grenze zu Nordmazedonien starten.
Infos: trailforks.com/trails/guri-i-prevalles-to-peskovi-peak

Kosovos Hauptstadt Pristina

Wir machen uns auf zur Hauptstadt des Kosovo über die Landstraße R115 und die Autobahn R6, was schneller geht als erwartet. Einen kurzen Zwischenstopp legen wir für den Besuch der Tropfsteinhöhle **Shpella e Gadimës** ein, die wir aber nicht besonders spektakulär finden. Der Weg ins Zentrum von 8 **Pristina** führt nach der Autobahn 15 Kilometer durch die Vorstadt, die aus riesigen Werbewänden, Tankstellen, Baumärkten und Auto-Ersatzeilshops besteht. Sogar ein Möbelhaus sehen wir, das IPKO heißt, aber IKEA zum Verwechseln ähnlich sieht. Der Verkehr ist zwar etwas chaotisch, aber alle bleiben entspannt, und so schaffen wir es ohne Weiteres zu unserem bewachten Parkplatz (42.66106, 21.15528).

Oben: Unsere Aussicht in der Šar Planina
Unten: Zum Glück für diesen Bus gibt es im Kosovo keinen TÜV.

Auch in Pristinas Innenstadt ist viel Betrieb, und am berühmten **Newborn-Denkmal** müssen wir glatt anstehen. In der Fußgängerzone gönnen wir uns ein Eis und spazieren über den **Skanderbeg-Platz** zur **Çarshi-Moschee** und anschließend zur **Jashar-Pascha-Moschee**. Dahinter liegt Pristinas **Uhrenturm**. Zum Abschluss drehen wir noch eine Runde auf dem Basar. Dort gibt es Obst und Gemüse zu sehr günstigen Preisen und in sehr guter Qualität, daneben diverse andere Dinge von Zigaretten über Klamotten bis hin zu Kochtöpfen. Und natürlich einen freundlichen Plausch mit mehreren Verkäufern, als diese merken, dass wir ein paar Fotos machen. Wir decken uns mit Obst und Gemüse ein, bevor wir zum Auto zurückkehren.

Der Bärenwald von Pristina

Nach der trubeligen Großstadt suchen wir uns ein etwas entspannteres Ziel. Wir fahren durch die Vororte ein Stück zurück und biegen von der Autobahn auf die M252 ab. Auf eher schlechter Straße führt der Weg am Badovac-Stausee entlang zum Bärenwald von Pristina. Das ist ein großes Areal, in dem Braunbären leben. Im Kosovo war deren

Haltung lange Zeit nicht gesetzlich geregelt, und viele Restaurants hielten Bären in winzigen Käfigen, um Gäste anzulocken. Erst 2010 wurde das verboten. 2013 gründete die KFOR gemeinsam mit der NGO »Vier Pfoten« das 9 **Bear Sanctuary Prishtina**, wo die Bären ein neues, artgerechtes Zuhause fanden.

Auf dem Parkplatz des Bärenschutzgebiets darf übernachtet werden. Als wir ankommen, begrüßt uns freudig ein kleines Hunderudel. Doch die vier halten artig Abstand, bis wir sie zu uns rufen, dann werden sie ausgiebig gestreichelt und bekommen etwas zu futtern. Erst am nächsten Tag besuchen wir die Gehege und sind von der modernen Anlage beeindruckt. Es gibt einen Naturlehrpfad und einen Abenteuerspielplatz, ein Restaurant und ein toll gemachtes Infozentrum. Wir drehen die große Runde durch das Gelände und können tatsächlich Bären sehen, was gar nicht so einfach ist, denn die Gehege sind riesig. Aber als Braunbär »Mal« plötzlich mürrisch knurrend direkt vor uns aus dem Unterholz kommt, sind wir über den Zaun zwischen uns und ihm echt froh.

Bear Sanctuary Prishtina
Mramor, Prishtina 10000, Tel. +383 38 606605,
bearsanctuary-prishtina.org
GPS: 42.635952, 21.257843

Im Epizentrum des Kosovo-Kriegs

Vom Bärendomizil fahren wir nach Pristina zurück und auf der Autobahn R6 und E851 nach Westen. Ab Komoran bringt uns die R102 zum 10 **Kompleksi Memorial Adem Jashari**, dem Denkmal zu Ehren des UÇK-Kämpfers Adem Jashari. Der albanische Volksheld wurde hier 1998 samt seiner Familie in Kämpfen mit der serbischen Polizei getötet. Der Angriff gilt als Auslöser des Kosovokriegs, und die Opfer werden von Kosovo-Albanern als Märtyrer verehrt. An ihren Gräbern stehen Soldaten Ehrenwache, und das zerschossene Haus der Familie ist ein Wallfahrtsort.

Wir stehen hier in einem Epizentrum serbisch-kosovarischer Geschichte und verstehen das doch nur ansatzweise. Denn die Geschichten von Adem Jashari und der UÇK sind so tief mit den ethnischen Konflikten des Kosovo verwoben, dass Außenstehende kaum in der Lage sind, sie zu beurteilen. Uns hilft, dass wir von einer liebenswerten jungen Familie angesprochen werden, die in Deutschland lebt und ihre Wurzeln im Kosovo hat. Zuerst unterhalten wir uns über das

Oben links: Am Newborn-Denkmal in Pristina
Oben rechts: Ziemlich kalorienreich: Kosovarische Pljeskavica in Käsesoße
Unten: Der imposante »Mal« im Bärenwald hat uns ganz schön beeindruckt.

Reisen im Camper, doch später geht es um die Geschichte des Landes. Der junge Familienvater erzählt von der Unterdrückung der albanischen Bevölkerung durch die serbische Polizei, die er in seiner Kindheit selbst erlebt hat. Seine Schilderungen zu hören ist etwas ganz anderes, als Geschichtstexte zu lesen. Diese Begegnung hat unseren Blick auf das Land eindeutig verändert.

Kompleksi Memorial Adem Jashari
Rruga Adem e Hamëz Jashari, Prekaz 41000
GPS: 42.754304, 20.805075

Adem Jashari und der Kosovo-Krieg
Wenn ihr mehr über die Hintergründe der Kämpfe in Prekaz erfahren wollt, empfehlen wir euch den ausführlichen Wikipedia-Artikel de.wikipedia.org/wiki/Adem_Jashari

Werkstatt auf dem Kula-Pass

Nach diesem Erlebnis heißt es für uns, vom Kosovo und seinen unglaublich freundlichen Menschen Abschied zu nehmen. Unser nächstes Ziel ist Serbien, doch das hat einen Haken: Weil Serbien den Kosovo nicht anerkennt, können wir vom Kosovo nicht nach Serbien einreisen, ohne später bei der Ausreise nach Bulgarien Probleme zu bekommen (siehe auch Einreiseregeln). Der einzige legale Weg führt also über Montenegro – was bedeutet, dass wir den gleichen Weg zurückmüssen, den wir gekommen sind: über den Kula-Pass. Wir schaffen es noch vor Sonnenuntergang über die Grenze. Ganz oben im Niemandsland des Passes finden wir für die Nacht ein kleines Paradies auf einer Blumenwiese. Und am nächsten Tag benutzen wir den Pass noch schnell als Selbsthilfe-Werkstatt, denn unser Auto zickt ein wenig, und eine Gelenkmanschette muss getauscht werden. Gut, dass wir Ersatz dabeihaben.

Unser Übernachtungsplatz auf dem Kula-Pass
GPS: 42.78804, 20.23111
Achtung, die Zufahrt ist steil und ausgewaschen, besser nur mit 4×4 probieren.

Oben: Ehrenwache am Grab der Familie Jashari
Unten links und rechts: Ausbau der Antriebswellen ist beim Syncro eine ziemlich schmierige Angelegenheit.

Reiseinfos zu Kosovo

Währung Euro

Zeitverschiebung keine (MEZ/MESZ)

Notrufnummern kein Euro-Notruf
Polizei: 92 (mit Mobiltelefon 192), Feuerwehr: 93 (mit Mobiltelefon 193), Notarzt: 112

Einreiseregeln/Wichtige Reisedokumente
Grenzkontrollen sind bei Ein- und Ausreise obligatorisch. Für deutsche Staatsbürger gelten Reisepass oder Personalausweis. Da Serbien den Kosovo nicht anerkennt, solltet ihr nur dann über Serbien ausreisen, wenn ihr einen gültigen serbischen Einreisestempel im Pass habt – sonst könntet ihr bei der späteren Ausreise Schwierigkeiten bekommen. Notfalls könnt ihr für die Ein- und Ausreise den Personalausweis verwenden. Informiert euch vorher über die Problematik: auswaertiges-amt.de/de/ReiseUndSicherheit/serbiensicherheit/207502#content_4.
Führerschein und Fahrzeugschein sind notwendig. Deutsche Kfz-Versicherungen sind im Kosovo nicht gültig, bei Einreise muss an der Grenzübergangsstelle eine örtliche Kfz-Haftpflichtversicherung abgeschlossen werden. Die Höhe der Prämie richtet sich nach der Aufenthaltsdauer.

Internet/Netzabdeckung/Netzgeschwindigkeit
EU-Roaming gilt nicht. Prepaid-SIM-Karten der beiden regionalen Anbieter Vala und IPKO gibt es in den jeweiligen Geschäften in allen größeren Städten. Die Netzabdeckung ist zwar recht gut, mit unserer Touristen-Karte von Vala war aber selbst in Pristina nur 3G verfügbar.

Freies Übernachten
Freies Übernachten ist im Kosovo nicht gesetzlich geregelt. Wer sich an die normalen Gepflogenheiten des Freistehens hält, wird kaum Probleme haben. Vermeidet jedoch besser die von der KFOR bewachten Gebiete, da ihr dort mit Sicherheit zum Weiterfahren aufgefordert werdet.

Camping-Infrastruktur
Im Kosovo gibt es keine nennenswerte Camping-Infrastruktur. Manche Restaurants, Herbergen und landwirtschaftliche Familienbetriebe ermöglichen Camping auf ihren Grundstücken. Für Benutzer von Chemietoiletten empfiehlt sich die Anreise mit leerem Tank, da eine fachgerechte Entsorgung schwierig ist. Das offizielle Befüllen oder der Tausch von Gas-Pfandflaschen ist nicht möglich.

Trinkwasserqualität
Leitungswasser ist zwar meist trinkbar, aber gechlort. Wir haben uns an die zahlreichen Trinkbrunnen und Quellen gehalten und hatten keine Probleme.

Tempolimits/Lichtpflicht/Straßenqualität
Innerorts gilt Tempolimit 50, außerorts 80, auf Schnellstraßen 110 und Autobahnen 130#km/h. Es gilt auch tagsüber ganzjährig Lichtpflicht. Große Verbindungswege sind gut ausgebaut und in gutem Zustand. Für Nebenstrecken gilt das jedoch nicht: Viele kleinere Straßen sind in schlechtem Zustand, und man sollte immer mit nicht angekündigten Straßenschäden oder schlechtem Belag rechnen.

Straßenmaut
Mautgebühren sind im Kosovo auf den neu gebauten Autobahnen um Pristina zwar in Planung und bereits ausgeschildert, werden aber bisher nicht erhoben. Genaue Infos findet ihr unter reisen.ace.de/urlaub-planen/ratgeber/reiseinformation/land/kosovo

Reisewortschatz – die Basics
Die Unabhängigkeit des Kosovo ist völkerrechtlich umstritten, daher sind hier Sprachen ein sehr sensibles Thema. Amtssprachen des Kosovo sind Albanisch und Serbisch, worauf die jeweiligen Ethnien sehr großen Wert legen. Ihr solltet Sprachfloskeln im Kosovo nicht verwenden, wenn ihr euch über die ethnische Zugehörigkeit eures Gegenübers nicht sicher seid. Die wichtigsten Wörter auf Albanisch und Serbisch findet ihr in den entsprechenden Länderkapiteln.

Streckenlänge
1000 Kilometer

Empfohlener Aufenthalt
6 bis 8 Tage

Highlights
Teufelsstadt Đavolja varoš, Belgrad, Nationalpark Kopaonik, Wehrklöster Ravanica und Manasija, Viminacium, Festung Golubac, Eisernes Tor

ETAPPE 6

SERBIEN

Serbien

SANFTE HÜGEL, WEHRHAFTE KLÖSTER UND EINE MODERNE HAUPTSTADT

Republika Srbija, die Republik Serbien, war für uns ein weißer Fleck. Das Land liegt nicht auf den klassischen Reiserouten nach Griechenland, hat keine Küste und keine hohen Berge. Was macht das Land also interessant? Für uns waren es vor allem die Kontraste. Weite Flussebenen werden zu engen Schluchten, die sanften Mittelgebirge sind von tiefen Canyons durchzogen. Modernen, westlich geprägten Metropolen stehen Klöster einer tausendjährigen gelebten Religion gegenüber. Das spiegelt sich auch in der Geschichte des Landes wider. Einst trafen hier Römisches und Byzantinisches Reich aufeinander, später Christentum und Osmanisches Reich. Serbien stand schon immer zwischen Ost und West und musste sich mit allen Kulturen arrangieren, ohne dabei seine eigene Identität zu verlieren. Das tut es bis heute.

Übernachtungsplatz am Aussichtspunkt Vidikovac im Nationalpark Kopaonik

Ursprünglich wurde das Gebiet von Illyrern, Kelten und Thrakern besiedelt, später kamen slawische Stämme. Aus ihnen gingen Fürstentümer hervor, die sich im 12. Jahrhundert zu einem Reich vereinten. Diesem gelang es, sich bis an die Küsten von Adria und Ägäis auszudehnen. Doch wurde es danach vom Osmanischen Reich zerschlagen, dessen Herrschaft erst im 19. Jahrhundert endgültig endete. Nach dem Ersten Weltkrieg vereinte sich Serbien mit seinen Nachbarstaaten zu einem Königreich. Im Zweiten Weltkrieg wurde es von den Achsenmächten besetzt und später Teil der Jugoslawischen Republik. Als diese zerfiel, strebten ihre Einzelrepubliken schnell auseinander, was Serbien vergeblich militärisch zu verhindern suchte. Als während der weiteren Auflösung Jugoslawiens der serbische Nationalismus von Slobodan Milošević immer mehr an Einfluss gewann, folgte ein Sog aus Krieg und Völkermord, der die gesamte Region mit sich riss. Auch die Intervention der NATO konnte das nur bedingt verhindern. Danach begann in Serbien ein Prozess der Demokratisierung, seit 2006 besteht die heutige parlamentarische Republik Serbien.

Die Jugoslawienkriege brachten Serbiens Wirtschaft komplett zum Erliegen, und die Folgen sind noch immer spürbar. Westlich orientierte Reformen führten zu einer langsamen Erholung, und heute ist Serbien wirtschaftlich stark mit Russland und der EU vernetzt.

Der Tourismus wird für Serbiens Wirtschaft immer wichtiger, besonders die Hauptstadt Belgrad ist beliebt. Im Land locken Klöster, Festungen und antike Ruinen. Natur- und Nationalparks schützen Flussauen, Seen und die Mäander tiefer Canyons. In den Bergen gibt es Wander- und Skigebiete, in den Mittelgebirgen Heilbäder und Kurorte, und an den sanften Hängen wachsen Trauben für ausgezeichnete Weine. All das zusammen macht einen tollen Mix aus Kultur- und Aktivurlaub möglich.

Serbiens Küche ist echte Balkanküche. Vom Grill gibt es Ćevapčići, Pljeskavica und Ražnjići, aus dem Topf das Schmorgericht Đuveč oder Sarma, kräftige Kohlrouladen. Und natürlich Pasulj, die berühmte Serbische Bohnensuppe. Dazu wird selbst gebrannter Šljivovica eingeschenkt, und wer dann noch Platz im Magen hat, bekommt zum Nachtisch Palačinke, die bekannten Eierkuchen.

Die Menschen in Serbien haben wir als sehr hilfsbereit und gastfreundlich kennengelernt. Das gilt jedoch nur bedingt für serbische Ordnungskräfte, die wir zuweilen als recht unsympathisch erlebt haben. Insgesamt war Serbien für uns eine positive Überraschung, landschaftlich vielleicht weniger spektakulär als manche Nachbarländer, aber dennoch eine Reise wert. Gerade durch die angenehme Gelassenheit der Menschen haben wir uns dort sehr wohlgefühlt.

Einreise über die schlechteste Straße der Welt

Um von Kosovo nach Serbien zu kommen, müssen wir über den Kula-Pass in Montenegro zurück nach Rožaje. Dort biegen wir auf die E65 ab, die durch die wilde Schlucht des Ibar führt. Tief unter uns verläuft der Fluss, während wir durch das felsige Hajla-Gebirge fahren. Die Strecke ist in so miesem Zustand, dass wir sie spontan zur schlechtesten der Welt küren – wahrscheinlich etwas übertrieben, aber bestimmt nah dran. Wir kurven um riesige Schlaglöcher, an manchen Stellen haben Erdrutsche die Hälfte der Fahrbahn versperrt oder weggerissen, und weiter oben ist das Tal vom Rauch einer brennenden Mülldeponie erfüllt.

Auch die Ausreise aus Montenegro ist eher unerfreulich. Wir warten zwanzig Minuten, bis sich die Grenzer zu uns bequemen, nachdem sie uns als weit und breit Einzige aus der Schlange gewunken haben. Wir fühlen uns

Die Straße E65 durch die Ibar-Schlucht ist in einem ziemlich schlechtem Zustand.

schikaniert und reisen empört nach Serbien weiter. Dort sind die Grenzbeamten deutlich netter und begrüßen uns mit einem knappen Lächeln. Im ersten Laden nach der Grenze kaufen wir uns eine SIM-Karte, und mit der äußerst hilfsbereiten Verkäuferin und ihrer Übersetzungs-App klappt die Freischaltung problemlos.

Hotel mit Schmusehund

In Serbien müssen sich Touristen innerhalb von 24 Stunden nach Einreise bei einer Polizeistelle melden. Das gilt auch in manchen anderen Balkanländern, wird dort aber nicht kontrolliert. Serbien sieht das etwas enger, haben wir gehört. Es gibt zwar unterschiedliche Berichte, aber wir entscheiden uns, die Regel zu befolgen. Da nirgends Polizei oder ein Campingplatz zu finden ist, checken wir kurzerhand in einem Hotel im Örtchen Žuče ein. Das ist zwar recht einfach, liegt aber sehr günstig und ist zudem unschlagbar preiswert. Der nette Betreiber stellt uns die Meldebestätigung aus, und am Abend sitzen wir ganz ungewohnt auf unserem Balkon. Was wir an diesem Hotel aber am allermeisten lieben, ist der unglaublich verschmuste Hund, der bei jedem Gang nach draußen vor der Tür auf uns wartet. Der kleine Kerl freut sich so sehr über jede Streicheleinheit, dass wir ihn am liebsten auf unsere Reise mitgenommen hätten. Und seinetwegen fällt uns unser Abschied vom Hotel am nächsten Morgen wirklich schwer.

Von allen Hunden der Balkanhalbinsel haben wir den im Hotel Emro am meisten ins Herz geschlossen.

Hotel Emro
E-761, Kožlje, Novi Pazar 36300,
Tel. +381 60 4363363
GPS: 43.02262, 20.44102

Als wir weiterfahren, wird die Landschaft bergiger. Die Straße E761 führt im Tal der Raška durch Novi Pazar, wo wir in einem Werkzeugladen Bindedraht für unseren klappernden Auspuff kaufen wollen. Als wir auf Englisch nach Draht fragen, fragt der Verkäufer lachend: »Woher kommst du?« Enis hat zehn Jahre in Berlin und Hamburg gearbeitet, und weil wir noch keine Serbischen Dinare haben, gehen die vier Meter Bindedraht spontan aufs Haus. Hvala ti, Enise!

Ruinen von Stari Ras
Unweit von Novi Pazar liegen auf einem Hügel die Ruinen von Stari Ras, der alten Hauptstadt des Fürstentums Raszien (43.128153, 20.415273). Vom Parkplatz (43.13128, 20.420924) führt ein Fußweg zum UNESCO-Kulturerbe hinauf.

Um für künftige Einkäufe gerüstet zu sein, versorgen wir uns in Raška mit Bargeld und schlendern noch etwas durch die kleine

Innenstadt. Hier treffen wir auf den Fluss Ibar. Zurück im Bus, folgen wir ihm später auf der E761/22 nach Norden.

Zum Kloster Studenica

Der Fluss mäandert durch felsige Berglandschaft, und erst am Dorf Ušće trennen wir uns vom Ibar. Hier biegen wir auf die Landstraße 30 zum ❶ **Manastir Studenica** (43.485661, 20.532263) ab. Das Kloster gilt als Wiege des serbischen Königreichs, denn hier gelang es Fürst Stefan Nemanja im 12. Jahrhundert, die zerstrittenen serbischen Stämme zu einem Staat zu vereinen. Wir stromern durch die weite Anlage, die hinter wehrhaft hohen Mauern liegt, und sitzen eine Weile im schönen Hof in der Sonne.

Nach dem Klosterbummel führt unser Weg im Auto ein ganzes Stück zurück nach Biljanovac. Hier mündet die Jošanica ins Tal des Ibar. Auf der Straße 207 folgen wir ihr flussaufwärts. Im hübsch herausgeputzten Kurort Jošanička Banja halten wir zur Mittagspause und kämpfen im sehr netten Familienrestaurant Anterija auf der Terrasse am Fluss mit unseren riesigen Portionen. Nun wissen wir, weshalb dort auch halbe Gerichte angeboten werden.

Restaurant Anterija
Milunke Savic bb 119, Jošanička Banja 36345,
Tel. +381 64 8414036
GPS: 43.390176, 20.747016

Die Berge der Sonne und des Schnees

Wir hieven unsere runden Bäuche wieder in den Bus und fahren weiter in den ❷ **Nationalpark Kopaonik**. Direkt hinter dem Kassenhaus führt eine Schotterpiste in ein schmales Tal. Nach ein paar Metern stehen wir auf einem Picknickplatz. Es gibt gleich mehrere öffentliche Grillstellen und alle sind besetzt. Eigentlich wollen wir nur Wasser auffüllen, denn es gibt hier eine Quelle. Als unsere Kanister gerade voll sind, spricht uns ein junger Mann auf Deutsch an. »Ich hoffe, ihr seid keine Vegetarier?«, fragt er grinsend und reicht uns einen Teller, auf dem sich Brot und frisch gegrilltes Fleisch türmen. Milan hat in Bamberg studiert und freut sich, uns in seiner Heimat zu begrüßen. Wir sind baff von diesem Gastgeschenk und unterhalten uns eine Weile. Auch wenn wir das alles nach dem Restaurantbesuch unmöglich direkt verputzen können, ist unser Abendessen schon mal gesichert.

Picknickplatz mit Quelle
Straße 210, Jošanička Banja
GPS: 43.35761, 20.74129

Oben: Das Manastir Studenica ist serbisches Nationalheiligtum.
Unten links: Qual der Wahl im Restaurant Anterija
Unten rechts: Wer großen Hunger hat, ist hier genau richtig.

Wir verabschieden uns von Milan und seinen Freunden und fahren weiter hinauf in die Berge. Die Straße schlängelt sich so sanft aufwärts, dass selbst unser Bus die Steigung im zweiten Gang schafft. Nach ein paar Kilometern biegen wir auf eine Schotterpiste ab und finden an ihrem Ende ein absolutes Kleinod: Vor uns tut sich zwischen Bäumen eine Wiese auf, durch die ein malerischer Bach fließt. Zwei große überdachte Grillplätze warten einsam auf Besucher. Wir stellen unser Gefährt ab und gehen im Wald spazieren. Weil das Kopaonik-Gebirge sowohl im Sommer als auch im Winter wunderschön ist, wird es in Serbien auch »Berge der Sonne und des Schnees« genannt.

Picknickplatz mit Bach
Izletište Kadijevac
GPS: 43.32065, 20.76156

Unsere schöne Waldwiese hat als Nachtquartier nur einen kleinen Nachteil: Es fehlt etwas an Aussicht. Wir wollen deshalb erkunden, ob wir weiter oben in den Bergen noch etwas mehr davon bekommen. Nach einem großen Skigebiet sehen wir einen kleinen Parkplatz an der Straße. Zwischen großen Steinen ist da gerade so viel Platz, dass unser Bus hindurchpasst und wir zu einem kleinen Plateau hinauffahren können. Und das hat eine absolut fantastische Aussicht. Wir können kilometerweit über die bewaldeten Bergkuppen bis in den Kosovo sehen. Damit ist klar, hier bleiben wir!

Als wir am Abend bei einem Wein das Panorama genießen, knattern zwei Motorräder auf das Plateau. Dann kommen zwei leicht zerrupfte Biker auf uns zu und fragen uns ganz lieb, ob es wohl stören würde, wenn sie hinter uns am Hang kampieren. Tut es natürlich nicht. An dem Abend schnacken wir noch eine ganze Weile mit den beiden. Sie fahren drei Wochen durch den Balkan und schauen mal, wohin es sie verschlägt. Zelt? Ach was, wozu? Dusche? Hm, ist schon etwas länger her. Andi und Bernie aus Süddeutschland sind so sympathisch, dass wir am nächsten Tag beim Kaffee in der Sonne den kompletten Vormittag verquatschen. Für eine lange Wanderung haben wir an diesem Tag zwar keine Zeit mehr, schaffen es aber noch zu einer Aussichtsklippe. Danach geht es mit dem Bus wieder runter vom Berg.

Unser Übernachtungsplatz mit Aussicht
GPS: 43.30920, 20.83157
Unser Spaziergang zu den Klippen
wikiloc.com/hiking-trails/
kopaonik-vidikovac-19059456

Oben links: Die wunderschöne Waldwiese Izletište Kadijevac
Oben rechts: Kabelsalat im Fahrerhaus
Unten: Andi und Bernie im Hotel unterm Sternenhimmel

Am Denkmal **Spomenik Mramor** (43.277985, 20.875243) in Brzeće, errichtet zur Erinnerung an die Partisanenkämpfe während des Zweiten Weltkriegs, halten wir nur kurz und lassen den Abzweig zu Serbiens zweithöchstem Wasserfall **Jelovarnik** (43.267271, 20.854157) aus, denn wir haben eine lange Fahrt vor uns. Bis Kuršumlija schlängeln sich die Straßen 212 und 213 durch wunderschönes grünes Hügelland, dann biegen wir auf die E80 ab. Die ist in wirklich schlechtem Zustand, wird aber gerade saniert. Das dürfte bei der Straße, die wir hinter Rača nach Zebica nehmen, wahrscheinlich noch etwas länger dauern – sie windet sich steil und einspurig durch ein enges Flusstal ins Radan-Gebirge, bis wir schließlich einen kleinen Parkplatz erreichen. Wir sind am Eingang zur Teufelsstadt.

Die Felsentürme der Teufel

3 **Đavolja varoš**, die Teufelsstadt, ist eine Gesteinsformation, die durch Erosion entstanden ist. Über 200 bis zu 15 Meter hohe Erdpyramiden ragen hier aus dem Boden, und auf jeder Spitze liegt ein Lavastein. In Jahrtausenden hat der Regen die tonhaltige Erde am Hang weggespült, und nur die schlanken Kegel blieben stehen. Als wir unter den skurrilen Skulpturen stehen, können wir uns aber auch gut vorstellen, dass vielleicht doch eine alte Legende stimmt: dass es versteinerte Teufel sind, die von Menschen einst auf dem Rücken getragen wurden. Auf dem Parkplatz am Kassenhäuschen werden Raki, Likör und Souvenirs verkauft, und unter den Bäumen kann man übernachten. Die Toiletten am Eingang sind auch nachts geöffnet, und selbst einen Trinkbrunnen gibt es. Nach unserer Wanderung durch die wundersame Schlucht verbringen wir dort eine ruhige Nacht.

Unser Übernachtungsplatz bei der Teufelsstadt
GPS: 42.98823, 21.39366

Zu Besuch in Niš

Für unser nächstes Ziel müssen wir ein ganzes Stück zurückfahren. Diesmal geht es auf der E80 rechts an Kuršumlija vorbei, und das letzte Stück ist mautpflichtige Autobahn. Vor den Toren der Stadt Niš liegt auf einem Hügel ein Gedenkpark. Der **Memorijalni park Bubanj** (43.305, 21.8725) erinnert an über 10 000 Menschen, die hier während des Zweiten Weltkriegs von den deutschen Besatzern ermordet wurden. Seit 1963 recken sich dort drei riesige stilisierte Fäuste zur Mahnung in den Himmel. Im Anschluss fahren wir zur Gedenkstätte im ehemaligen NS-Konzentrationslager **Crveni Krst** (43.330556, 21.887500) in Niš.

Oben: Đavolja varoš, die Teufelsstadt
Unten links: Die steinernen Fäuste des Memorijalni park Bubanj
Unten rechts: Raki und Likör aus der Teufelsstadt

MIX

Die Gedenkstätten von Niš
Ausführliche Informationen über den Massenmord und zu den Gedenkstätten findet ihr hier auf Englisch: spomenikdatabase.org/nis

Serbiens drittgrößte Stadt 4 **Niš** liegt in einer weiten Ebene am Fluss Nišava. Wir lassen den Bus an der Gedenkstätte und laufen über einen Gemüsemarkt und den hübschen und weitläufigen Park der **Festung von Niš** zum Wahrzeichen der Stadt, dem **Stambol-Tor**. Dahinter führt uns die Brücke Tvrđavski most in die Innenstadt, durch die wir zum **Staro Groblje** (43.310781, 21.8900487) schlendern. Die Atmosphäre auf dem verfallenen Friedhof aus dem 18. Jahrhundert steht im krassen Kontrast zum belebten Stadtkern. Vom Friedhof besuchen wir noch ein blutrünstiges Relikt aus kriegerischen Zeiten: Den Schädelturm **Ćele Kula** (43.312083, 21.92375) haben Osmanen 1809 nach der Schlacht von Čegar aus 952 Schädeln gefallener Serben errichtet. Heute sind noch 58 erhalten.

Oben links: Der Schädelturm von Niš
Oben rechts: Das Stambol-Tor führt zur Festung von Niš.
Unten: Das Kloster Ravanica aus dem 14. Jahrhundert

Die Wehrklöster Ravanica und Manasija

Von Niš geht es auf die Autobahn, und wir fahren 100 entspannte, aber mautpflichtige Kilometer nach Norden. Am Fuß der Serbischen Karpaten liegt das 5 **Kloster Ravanica** (43.971886, 21.495354). Im 14. Jahrhundert wurde es als Festung erbaut, und die alten Mauerreste umgeben es noch heute. Es fällt uns schwer, dort an Informationen zu kommen, denn alle sprechen ausschließlich Serbisch. Schließlich kaufen wir eine Broschüre auf Deutsch, die noch aus der Zeit Jugoslawiens stammt. Es ist schon spät, und so übernachten wir auf dem Parkplatz des Klosters am trockenen Flussbett.

Am nächsten Morgen wird der Nachtplatz noch schnell zur Werkstatt umfunktioniert, und wir reparieren unseren kaputten Kühlwasserbehälter, dann brechen wir zum nächsten Kloster auf. Die schmale Landstraße 160 führt an der Ravanica entlang und bringt uns nach Despotovac. Hier steht in einem Seitental das 6 **Kloster Manasija** (44.100603, 21.468780). Auch das ist ein Wehrkloster, doch hier sind die hohen Mauern noch perfekt erhalten. Es wurde im 15. Jahrhundert errichtet und gilt als Meisterwerk der spätmittelalterlichen Klosterbaukunst in Serbien. Von außen sieht man nur die gigantischen Wehrtürme, und innen wirkt die Klosterkirche fast winzig inmitten der hohen Mauern.

Denkmal für die Kosmaj-Partisanen

Auch für unser nächstes Ziel müssen wir etwas Strecke machen. Wir fahren auf der 160 weiter und in Markovac auf die Autobahn nach Norden, doch schon in Velika Plana wieder ab. Die Landstraße 147 führt durch hügelige Felder, bis vor uns ein kleiner Berg auftaucht. Der Kosmaj ist nur 628 Meter hoch und von dichtem Wald bedeckt. Mitten darin steht ein weiteres Denkmal, das wir uns anschauen wollen. Das 7 **Spomenik borcima Kosmajskog odreda** (44.467963, 20.571851) ehrt die Gefallenen des Kosmaj-Partisanenregiments, das im Zweiten Weltkrieg gegen die deutschen Besatzer kämpfte. Das imposante Monument aus frei stehenden Betonsegmenten wirkt etwas verwildert, doch trockene Blumen im Zentrum der Stelen zeugen davon, dass sich auch heute noch Menschen an die Toten von damals erinnern.

Denkmal auf dem Kosmaj
Ausführliche Infos zum Monument findet ihr hier auf Englisch:
spomenikdatabase.org/kosmaj

Bevor wir weiterziehen, sitzen wir eine Weile auf den verfallenen Treppenstufen. Weit haben wir es nicht mehr, denn unser Ziel für die Nacht liegt nur 30 Kilometer weiter nördlich. Das »Belgrad« im Namen des Campingplatzes Belgrade Avala ist zwar entfernungstechnisch ziemlich weit hergeholt, aber ansonsten ist der Platz im Dörfchen Ripanj ein kleines Paradies. Wir stehen unter Bäumen, zwischen denen unsere Hängematte schaukelt, es gibt einen Pool, und abends probieren wir den Wein aus der hauseigenen Kelterei. Hier gefällt es uns so gut, dass wir gleich für zwei Nächte bleiben.

Camping Belgrade Avala
Kragujevački put 110 A, Ripanj 11232,
Tel. +381 69 5551227, campingbelgradeavala.com
GPS: 44.618518, 20.555471

Serbiens Hauptstadt Belgrad

Um uns 8 **Belgrad** anzuschauen, wechseln wir die Location. Wir checken beim Avala aus und 50 Kilometer weiter nördlich beim Camp Dunav wieder ein. Der Campingplatz liegt an der Donau, und Belgrads Innenstadt ist mit den Buslinien 704, 706 und 706N zu erreichen. Wir ergattern für unseren Bus einen der wenigen Schattenplätze auf dem Campingplatz und laufen einen Kilometer zur Haltestelle. Die rumpelige Busfahrt in die City

Oben links: Das Wehrkloster Manasija ist von hohen Burgmauern umgeben.
Oben rechts: Das Spomenik Kosmaj erinnert an gefallene Partisanenkämpfer.
Unten: Unser Schattenplatz im Camp Dunav

ist ein echtes Erlebnis, dann stehen wir an der Haltestelle Zeleni Venac. Zum ersten Mal auf unserer Balkanreise haben wir das Gefühl, in einer großen Metropole zu sein – und die wirkt überraschend westlich. Die Geschäfte in der prächtigen Einkaufsstraße **Knez Mihailova ulica** gibt es auch in Madrid oder London, doch hier haben die Hinterhöfe diesen ganz besonderen Charme von Shabby Chic. Am **Trg Republike**, dem Platz der Republik, bewundern wir die Reiterstatue des Fürsten Mihailo Obrenović vor dem Nationalmuseum.

Camp Dunav
Batajnički Drum 12, Beograd 11080,
Tel. +381 69 8701878
GPS: 44.878616, 20.354677

Den Abschluss der Prachtstraße bildet das prunkvolle **Hotel Srpska Kruna**, dann beginnt der schöne Kalemegdan-Park. Dahinter liegt Belgrads Wahrzeichen, die **Festung Kalemegdan**. Die Bastion aus dem 15. Jahrhundert ist Belgrads historischer Kern. Sie wurde auf einer hohen Klippe erbaut und überblickt die Mündung der Save in die Donau, die hier zusammenfließen. Auch Belgrads Neustadt **Novi Beograd** können wir von hier sehen.

Oben: Die Einkaufsstraße Knez Mihailova ulica im Herzen Belgrads
Unten: Hram svetog Save, der Dom des heiligen Sava

Am **Zindan-Tor** beobachten wir einen Beinahe-Taschendiebstahl, doch das junge Diebespärchen wird bemerkt und haut ab. Diese Aktion ist übrigens die einzige bedenkliche Begegnung auf der gesamten Balkanreise.

Wir schlendern zurück durch die Innenstadt zur Altstadt **Stari Grad**. In der **Skadarlija** wohnte einst Belgrads Boheme, heute ist die Gegend um die Straße beliebtes Ausgehviertel. In der malerischen Pflastergasse reihen sich so viele Restaurants aneinander, dass uns die Auswahl für das Abendessen wirklich schwerfällt. Schließlich muss das Restaurant Crvena Ruza zeigen, ob man auf dem Balkan auch rein vegetarisch speisen kann. Und die Kafana besteht den Test ganz ausgezeichnet. Aus unserem Plan, die berühmten Floating Bars und Clubs an der Save-Mündung zu testen, wird dann aber nichts. Den Rest des Abends hängen wir in einer süßen Kneipe in der Skadarlija herum. Am Ende müssen wir rennen, um den letzten Nachtbus zum Campingplatz noch zu erwischen. Dort schleichen wir uns ganz leise zu unserem Bus, denn ringsherum schläft schon alles.

Restaurant Crvena ruža
Skadarska 30, Tel. +381 61 4262254
GPS: 44.817395, 20.464032
Kaldrma Bar
Skadarska 40b, Tel. +381 61 1355474
GPS: 44.818323, 20.465302

Am Morgen verquatschen wir uns noch eine Weile mit unseren netten Nachbarn, die auch auf großer Balkanreise sind, dann ziehen wir weiter. Auch wenn wir Camp Dunav (außer wegen der Busverbindung) nur bedingt empfehlen können, weil es wenig Schatten, alte Sanitäranlagen, viele Mücken und ein lautes Industriegebiet gibt, hatten wir dort so viele nette Bekanntschaften, dass wir froh sind, dort gewesen zu sein.

Tara-Nationalpark

Unsere Camping-Nachbarinnen Elsa und Jördis haben uns den Besuch des Tara-Nationalparks sehr ans Herz gelegt. Wir selbst haben es leider nicht geschafft, aber wenn ihr Zeit habt, solltet ihr ihn besuchen. Beeindruckende Aussichten auf fast unberührte Natur und schöne Wanderungen warten auf euch! Mehr Infos unter nptara.rs

Auf unserem Weg nach Osten machen wir noch halt am **Hram svetog Save**, dem Dom des heiligen Sava. Die riesige Kathedrale wurde zwar erst 1935 gebaut, ist dafür aber eines der größten orthodoxen Gotteshäuser der Welt. Die Anlage ist riesig und sehr sehenswert.

Friedhof der Mammuts

Aus Belgrad führt uns die Autobahn E75/A1 zur Bundesstraße 33, und kurz vor Požarevac biegen wir ab auf die Landstraße. Wir wollen zur römischen Ruinenstadt 9 **Viminacium**. Sie war einst die Hauptstadt der römischen Provinz Moesia und eine der römischen Siedlungen auf der Balkanhalbinsel. Selbst ein Amphitheater gab es dort. Die Ruinen des »Pompeji Serbiens« kann man besichtigen. Und noch etwas Spannendes gibt es zu sehen: Dort wurde auch ein Mammutfriedhof ausgegraben.

Auf unserem Weg dorthin über die Landstraße sehen wir von der römischen Stadt erst einmal lange nichts. Hier wird Braunkohle abgebaut, und die Gegend wirkt ziemlich heruntergekommen. Typischer Braunkohlegeruch liegt in der Luft, und riesige Fernwärmerohre erinnern an DDR-Zeiten. Vor uns ragt ein gigantisches Kohlekraftwerk in den Himmel. Der Komplex wirkt so groß wie eine Stadt. Das Wärmekraftwerk Nikola Tesla ist Serbiens größter Energieproduzent und versorgt fast die Hälfte des Landes mit Strom. Wir fahren genau auf den Haupteingang zu und können noch immer nichts von der Römerstadt entdecken. Erst direkt an der Toreinfahrt geht ein unscheinbarer Abzweig nach links. Der führt durch Sonnenblumenfelder zur Ausgrabungsstätte, die vom riesigen Braunkohletagebau umzingelt wird.

Prachtvoll verzierte Häuser in Belgrads Altstadt Stari Grad

PANDORA

Wir haben Glück und erwischen noch die letzte Führung. Unser Guide erklärt uns die Ruinen unter weißen Zelten. Das Gelände ist so weitläufig, dass wir zum Mammutfriedhof per Auto fahren. Unter einem elegant geschwungenen Holzdach liegen dort die Mammutskelette, als hätte sie der Wind gerade erst freigeweht. Wie groß die Tiere gewesen sein müssen, können wir an den riesigen Stoßzähnen erahnen. Eines ist noch komplett erhalten: Das Tier liegt noch genauso, wie es vor hunderttausend Jahren zu Boden ging. Selbst als Skelett ist es ein majestätischer Anblick.

Arheološki park Viminacium
Stari Kostolac 12208, Tel. +381 62 232209, viminacium.org.rs/de
GPS: 44.733026, 21.229865

Um von der Ausgrabungsstätte weiter nach Osten zu kommen, müssen wir zurück zum Kraftwerk und um das riesige Tagebaugebiet herum. Unter den Kabeln Hunderter Strommasten zieht sich eine löchrige Piste durch schmuddeliges Niemandsland. Erst als wir die Donau sehen können, wirkt die Gegend wieder etwas freundlicher. Wir schauen uns kurz die **Festung Ram** am Ufer der Donau an, dann geht es weiter nach Zatonje. In der Aue liegt dort an einem alten Donau-Arm ein kleiner Campingplatz. Der Familienvater begrüßt uns fröhlich, und wir parken unseren Bus neben den Pflaumenbäumen im Garten. Der winzige Platz ist voll belegt, und es herrscht familiäre Stimmung. Hier kampieren Donaupaddler neben Fahrradfahrern auf Weltreise, und zwischendrin wuseln die Kinder der Gastfamilie. Wir verbringen einen netten Abend und werden am nächsten Morgen zum Abschied mit Pflaumen beschenkt. Mit denen machen wir es uns am Badestrand am Donau-Altarm gemütlich.

Camp Kalinovac
Zatonjska bb Srebrno jezero, Kalinovac, Zatonje 12220, Tel. +381 63 8667525, campkalinovac.com
GPS: 44.76634, 21.3955

Donau-Festung Golubac

Bis wir von unserem Donaustrand aufbrechen, ist der Tag schon fast vorbei. Dreißig Kilometer weiter östlich wissen wir, dass das ein strategischer Fehler war: Denn die **10** **Festung Golubac** (44.66117, 21.67838) hat seit fünf Minuten zu. Was etwas schade ist, denn die Burg aus dem 14. Jahrhundert ist eine der bedeutendsten mittelalterlichen Festungen

Oben: Die Donau-Festung Golubac ist ein Touristenmagnet.
Unten: Der Anblick des Mammutskeletts »Vika« ist atemberaubend.

an der Donau. Wir beschließen deshalb, einfach am nächsten Tag wiederzukommen, und suchen uns eine Bleibe für die Nacht. Ziemlich versteckt zwischen Hecken finden wir ein kleines Camp mit traumhafter Lage am Donau-Ufer. Auf einer Wiese stehen Zelte, an den Bäumen lehnen ein paar Kajaks. Von der Terrasse der kleinen Bar winken uns die Donaupaddler vom Tag zuvor. Wir setzen uns zu ihnen und stoßen auf das Wiedersehen an. Der ganze Platz ist ziemlich baufällig, hat aber echtes Hippie-Flair. Bloß die wirklich üblen Sanitäranlagen bringen Punktabzug. Wie gut, dass wir für solche Fälle ein Klo an Bord haben. Wir verbringen einen tollen Abend mit dem bunten Hippie-Volk.

Das Adventure CAMP Toma
ist seit Anfang 2023 leider geschlossen. Eine Leserin hat uns jedoch berichtet, daß sie dort 2024 frei übernachtet hat. Ob das auch gegenwärtig möglich ist, lässt sich allerdings nur vor Ort erkunden. GPS: 44.647812, 21.836232

Am nächsten Morgen gehen wir noch schnell in der Donau baden. Dann kehren wir zurück zur Festung, und diesmal hat sie auf. Allerdings müssen wir bei der Besichtigung feststellen, dass wir es hier nicht sonderlich mögen. Überall stehen unfreundliche Ordner und kommandieren die Besucher herum. Das wichtigtuerische Gehabe ist anstrengend und wird uns irgendwann zu bunt, sodass wir uns verziehen. Wir setzen uns lieber auf eine der Bänke an der Donau und schauen dem Treiben aus der Ferne zu. Die Festung selbst ist toll gelegen und gefällt uns von außen weit besser als von innen.

Durch das Eiserne Tor der Donau

Vor uns liegt unsere letzte Serbien-Etappe und das berühmte Eiserne Tor im 11 **Nationalpark Đerdap** (44.676659, 22.518142). Hier trifft die Donau auf die südwestlichen Karpaten und hat sich eine tiefe Schlucht hindurchgegraben – mit über 100 Kilometern Europas längstes Durchbruchstal. Eine Uferseite gehört zu Serbien, die andere zu Rumänien. Und die Schlucht hat noch mehr zu bieten: Die Klippen ragen bis zu 300 Meter auf und liegen an den engsten Stellen nur 150 Meter auseinander. Dort ist die Donau über 80 Meter tief. Das

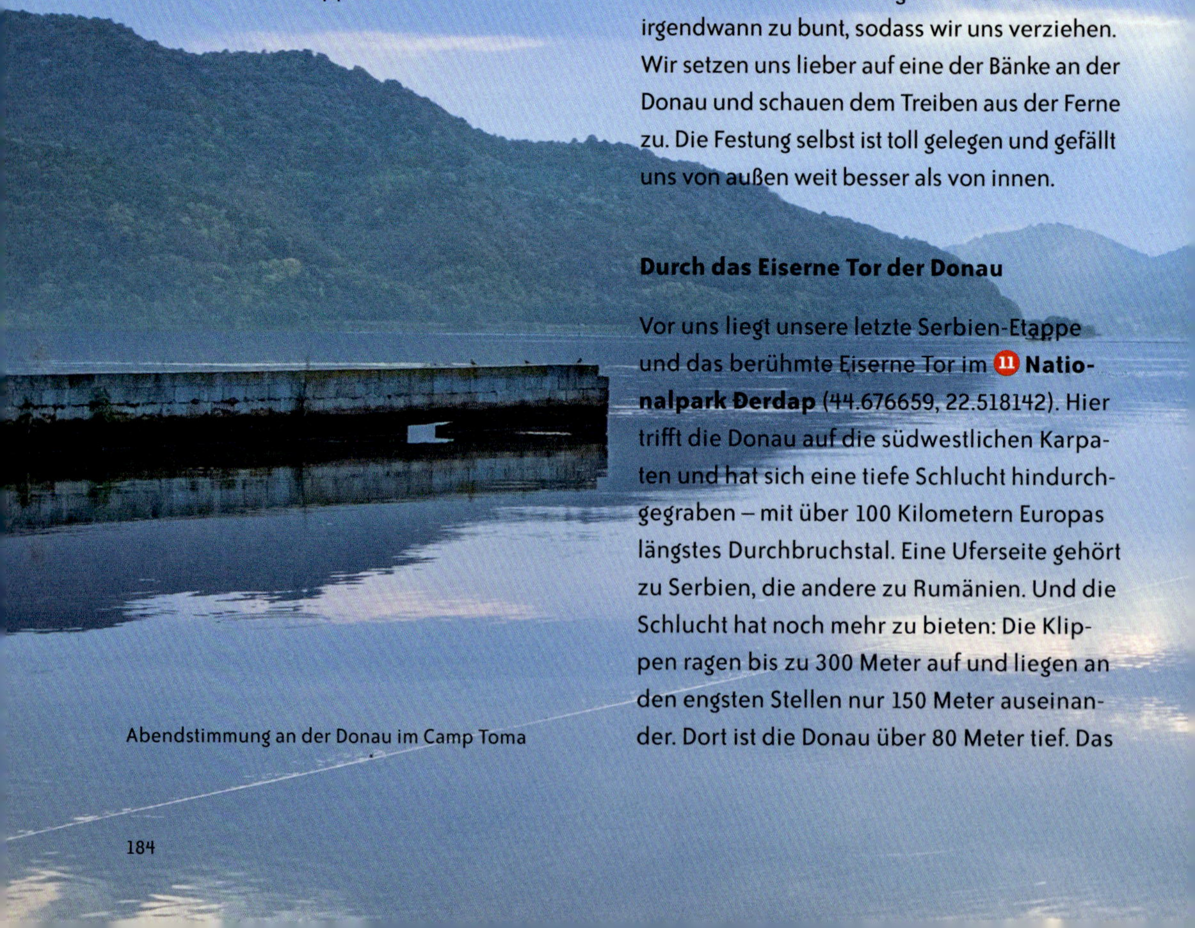

Abendstimmung an der Donau im Camp Toma

Eiserne Tor mit seinen Stromschnellen war über Jahrhunderte der Albtraum aller Donauschiffer. Heute ist der Fluss zwar aufgestaut, aber die steilen Wände des Canyons sind noch immer spektakulär. In den 1960er-Jahren wurde im Donautal eine über 11 000 Jahre alte Steinzeitsiedlung entdeckt. Die Bewohner von **Lepenski Vir** (44.556641, 22.026428) hinterließen rätselhafte Skulpturen und geben der Wissenschaft bis heute viele Rätsel auf. Die gesamte Ausgrabungsstätte wurde zu einem Museum umgebaut, und am meisten fasziniert uns dort das skurrile Aussehen der Götterdarstellungen. Die Steinzeitmenschen waren ganz schön kreativ.

Steinzeitsiedlung Lepenski Vir
Mehr Infos zur Steinzeitsiedlung: de.wikipedia.org/wiki/Lepenski_Vir

Nach den letzten Felsen der Karpaten weitet sich die Donau zu einem riesigen Stausee. Hinter der gigantischen Staumauer ändert sich auch die Landschaft fundamental. Wir folgen dem nun wieder breiten Fluss durch die weite Ebene im Dreiländereck von Serbien, Rumänien und Bulgarien. Als wir in Bregovo an der Grenze nach Bulgarien stehen, wirkt das ein bisschen wie der Hintereingang zur EU. Der serbische Grenzbeamte tut eine Viertelstunde so, als wären wir nicht da. Endlich nimmt er uns dann doch wahr und lässt uns ausreisen. Und damit startet unsere nächste Balkan-Etappe.

Reiseinfos zu Serbien

Währung Serbischer Dinar (RSD)
Faustregel Wechselkurs: 1 RSD = ca. 0,85 Euro

Zeitverschiebung keine (MEZ/MESZ)

Notrufnummern kein Euro-Notruf
Polizei: 192, Feuerwehr: 193, Notarzt: 194

Einreiseregeln/Wichtige Reisedokumente
Grenzkontrollen sind bei Ein- und Ausreise obligatorisch. Für deutsche Staatsbürger gelten Reisepass oder Personalausweis. Bitte beachtet die Besonderheiten der Ein- und Ausreise über den Kosovo: auswaertiges-amt.de/de/ReiseUndSicherheit/serbiensicherheit/207502#content_4
Es gilt eine polizeiliche Registrierungspflicht innerhalb von 24 Stunden nach Einreise. Führerschein und Fahrzeugschein sind notwendig. Die Grüne Versicherungskarte ist nicht nötig, wird aber empfohlen.

Internet/Netzabdeckung/ Netzgeschwindigkeit
EU-Roaming gilt nicht. Prepaid-SIM-Karten der regionalen Anbieter MTS Mobile und Yettel (ehem. Telenor) und A1 Serbia werden in fast allen Supermärkten angeboten. Die Netzabdeckung ist recht gut, auch auf dem Land. Wir hatten mit unserer Yettel-Karte überall mindestens 4G.

Freies Übernachten
In Serbien ist freies Campen und Übernachten zwar offiziell verboten, wird aber weitgehend toleriert, wenn man die üblichen Regeln für rücksichtsvolles Verhalten einhält.

Camping-Infrastruktur
Die Campingplatzdichte in Serbien ist eher gering, es kommen aber stetig neue Plätze hinzu. Die Ausstattung variiert stark. Auch Restaurants und Bauernhöfe bieten Übernachtungsmöglichkeiten an. Das Befüllen von Gasflaschen ist schwierig, manche Anbieter erledigen das aber. Ein Adapterset sollte dann vorhanden sein. Der Tausch von Gas-Pfandflaschen ist nicht möglich.

Trinkwasserqualität
Leitungswasser ist zwar meist trinkbar, aber häufig gechlort. Wir haben uns an die zahlreichen Trinkbrunnen und Quellen gehalten und hatten keine Probleme.

Tempolimits/Lichtpflicht/Straßenqualität
Innerorts gilt Tempolimit 50, außerorts 80, auf Schnellstraßen 100 km/h und auf Autobahnen 130 km/h. Auch tagsüber muss mit Licht gefahren werden. Hauptverbindungswege sind meist in gutem Zustand oder werden aktuell ausgebaut. Nebenstrecken sind oft in schlechtem bis sehr schlechtem Zustand.

Geschwindigkeitskontrollen sind häufig. In Serbien haben wir öfter recht rücksichtslose Autofahrer erlebt. Das waren zwar die negativsten Erfahrungen auf unserer Balkanreise, aber gefährlich waren sie nicht.

Straßenmaut
Schnellstraßen und Autobahnen sind gebührenpflichtig. Bezahlt wird an Mautstationen. Genaue Infos findet ihr unter adac.de/reise-freizeit/maut-vignette/serbien

Reisewortschatz – die Basics

Deutsch	Serbisch (Srpski)
Hallo	Zdravo
Tschüss	Ćao
Guten Tag!	Dobar dan
Auf Wiedersehen!	Zbogom
Ja / Nein	Da/Ne
Ja bitte / Nein danke	Da molim/Ne hvala
Danke	Mnogo vam hvala
Bitte	Izvoli
Entschuldigung	Oproštaj
Sehr gut!	Vrlo dobar!
Ich heiße …	Moje ime je ...
Wie heißt du?	Kako se zoveš?
Prost!	Živeli!
Darf ich Englisch/Deutsch mit dir sprechen?	Mogu li da razgovaram sa vama na engleskom/nemačkom?
Ich brauche Hilfe.	Trebam pomoć.

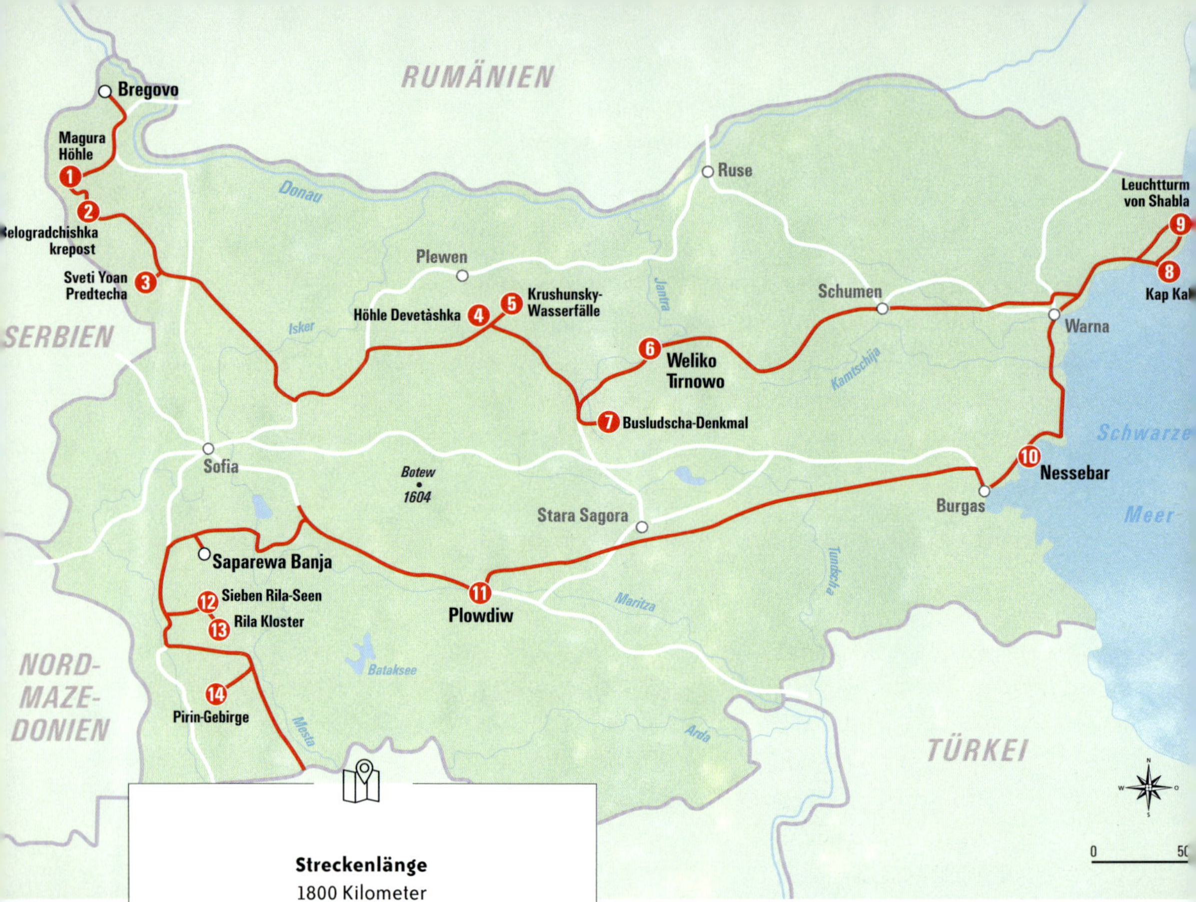

Streckenlänge
1800 Kilometer

Empfohlener Aufenthalt
8 bis 10 Tage

Highlights
Festung Belogradtschik, Devetàshka-Höhle, Busludscha-Denkmal, Kap Kaliakra, Plovdiv, Rila-Seen und Rila-Kloster

ETAPPE 7

BULGARIEN

Bulgarien

MAGISCHE HÖHLEN,
SIEBEN BERÜHMTE SEEN UND EIN UFO

Republika Bălgarija, die Republik Bulgarien, ist der zweitgrößte Staat der Balkanhalbinsel und etwa so groß wie Ostdeutschland. Das Land besteht aus zwei Tiefebenen, die von der Donau und der Mariza durchflossen werden. Beide Ebenen werden von der Stara Planina, dem Balkangebirge, getrennt, das sich von West nach Ost bis ans Meer zieht. Nach ihm wurde die Balkanhalbinsel benannt. Im Südwesten liegen die hohen Gipfel der Gebirge Rila, Pirin und Rhodopen. Den Osten Bulgariens begrenzt die 354 Kilometer lange Schwarzmeerküste.

Die Besiedelung der Region durch den modernen Menschen reicht 45 000 Jahre bis in die Altsteinzeit zurück. Europas älteste Spuren des Homo sapiens wurden hier entdeckt. In der Bronzezeit siedelten Thraker und Makedonier, später eroberte Rom das Gebiet. Im Laufe der Geschichte folgten bulgarische Stämme, die das Großbulgarische Reich gründeten. Das blühte auf und zerfiel und geriet schließlich unter die Herrschaft der Osmanen, die 500 Jahre anhielt. Beginnende Befreiungsbestrebungen schlug das Osmanische Reich blutig nieder. Das löste 1877 den Russisch-Osmanischen Krieg aus, der das Fürstentum Bulgarien entstehen ließ – die Wurzel des heutigen Bulgarien. Im Ersten Weltkrieg kämpfte das Land mit den Mittelmächten, im Zweiten Weltkrieg aufseiten der Achsenmächte. 1944 wurde es von der Roten Armee besetzt und als Volksrepublik Bulgarien Mitglied des Warschauer Paktes. Dessen Zerfall führte auch in Bulgarien zu freien Wahlen, und 1990 gründete sich die Republik Bulgarien, die 2004 der NATO beitrat und 2007 in die EU aufgenommen wurde.

Der Wegfall der sowjetischen Märkte stürzte Bulgariens Wirtschaft in eine tiefe Krise und ließ das Sozialsystem weitgehend zusammenbrechen. Bis heute hat sich das Land nicht davon erholt. Der wirtschaftliche Niedergang führte zu einer Verarmung der Bevölkerung und löste einen Exodus aus, der noch heute

Willkommen in Bulgarien!

anhält. Bulgarien hat das niedrigste Bruttoinlandsprodukt pro Kopf und die höchste Armutsquote aller EU-Länder. Die stetige Abwanderung vieler junger gebildeter Menschen schwächt das Land enorm und bremst seinen ohnehin langsamen Aufschwung. Doch es gibt auch Hoffnung: Seit einigen Jahren erwirtschaftet Bulgarien einen Haushaltsüberschuss und gehört zu den am wenigsten verschuldeten Ländern der EU. Infrastruktur, Schienen- und Verkehrsnetz werden langsam, aber stetig modernisiert, die Arbeitslosenquote sinkt.

Auch der Tourismus wächst: Während in den 1990er-Jahren an der Küste der Pauschaltourismus boomte, gewinnt längst auch Kulturtourismus immer stärker an Bedeutung. Und Kultur gibt es in Bulgarien reichlich. Antike Gräber, mittelalterliche Reliefs, Kirchen, Klöster und ganze Altstädte stehen auf der Welterbeliste der UNESCO. Prähistorische Siedlungen, thrakische Tempel, römische Kastelle – jede Epoche hat ihre ganz eigenen Spuren hinterlassen. Hinzu kommt Bulgariens abwechslungsreiche Natur.

Windgepeitschte Hochweiden und dichter Laubwald im Balkangebirge, dunkle Nadelwälder in den verkarsteten Rhodopen und die hohen Gipfel im Rila-Gebirge: In drei Nationalparks und zehn Naturparks finden Wanderer, Bergsteiger und Mountainbiker fast unberührte Natur, und selbst an der Schwarzmeerküste sind viele Strände praktisch unerschlossen. Wo in Europa gibt es denn so was? Wer in Bulgariens abgelegeneren Regionen unterwegs ist, wird kaum ausländische Touristen treffen. Dafür aber Menschen, die zwar bitterarm sind, aber sehr freundlich und aufgeschlossen. Gespräche waren uns mangels gemeinsamer Sprache oft nicht möglich, doch auch ohne Worte haben wir echte Herzlichkeit erlebt. Da, wo keine Sprachbarrieren bestanden, haben wir Menschen von so umwerfender Offenheit erlebt, dass diese Begegnungen zu den schönsten unserer gesamten Balkanreise zählen.

Von allen Ländern des Balkans hat uns Bulgarien emotional am meisten berührt. Wir wussten, dass hier Armut herrscht, doch was das für das Land und die Menschen bedeutet, hat uns ziemlich unvorbereitet getroffen. Und auch, wie schön Bulgarien ist. Diesen Kontrast zu erleben und Menschen zu begegnen, die trotz aller Armut stolz und fröhlich sind, war für uns vielleicht die größte Erfahrung der gesamten Reise.

Kleines Paradies unter Bäumen: Camping Starite Borove

Unsere Einreise über Bregovo

Mit den letzten Sonnenstrahlen fahren wir von Serbien in Bregovo über die Grenze nach Bulgarien. Der Grenzbeamte nickt uns lächelnd zu und schaut kurz in den Bus. »Nice!«, sagt er, dann bekommen wir unsere Stempel. Wir sind zurück in der EU. Doch danach sieht es hier gar nicht aus. Entlang der schnurgeraden Straße fahren wir an rostigen Industrieanlagen zwischen weiten Feldern vorbei. Alles ist verlassen, und auch auf der ziemlich schlechten Straße ist niemand außer uns unterwegs. Vor Widin fahren wir auf der Autobahn an einem kilometerlangen Stau aus Lkw auf der Gegenfahrbahn vorbei, die zur Grenze nach Rumänien wollen. Von Dunawzi aus kurven wir zwischen Schlaglöchern hindurch und an schlecht erhaltenen Häusern vorbei nach Sinagovtsi. Dahinter liegt etwas versteckt ein kleiner Campingplatz, wo wir im Dunkeln ankommen. Der Besitzer spricht zwar nur Bulgarisch, begrüßt uns aber herzlich. Er hat hier ein kleines Paradies gebaut und führt uns fröhlich herum. Dann sitzen wir noch lange mit ein paar eiskalten Bier auf seiner schönen Terrasse.

Oben links: Kalksteinformationen in der Magura-Höhle
Oben rechts: Der Rücktransport zum Höhleneingang ist gesichert.
Unten: Die berühmten Malereien der Magura-Höhle werden derzeit restauriert.

Camping Starite Borove
3737 Sinagovtsi
GPS: 43.885423, 22.748651

Als wir am nächsten Tag zur Autobahn zurückfahren, sind wir entsetzt, in welchem Zustand die Häuser tatsächlich sind – viele sind sogar unbewohnte Ruinen. Das haben wir am Abend vorher gar nicht gesehen. Die Autobahn E79/1 führt zweispurig durch Felder, dazwischen stehen immer wieder verfallene Industriebauten. Bulgariens Nordwesten ist die ärmste Region des Landes, nirgendwo sind die Folgen des wirtschaftlichen Zusammenbruchs deutlicher zu sehen. Auf unserer Reise durchs Land wird sich das allmählich ändern, je näher wir der Küste kommen. Hier oben aber sind nur die hochmodernen Mautbrücken neu, unter denen wir durchfahren. Denn in Bulgarien gilt Mautpflicht auf allen Autobahnen und Bundesstraßen. Wir besorgen uns eine Vignette am Automaten (mit deutscher Menüführung) einer Tankstelle und fahren weiter zur ersten Attraktion des Landes.

Die berühmte Magura-Höhle

Der Parkplatz an der ❶ **Magura-Höhle** (43.726976, 22.584201) wirkt sehr alt, aber der Kiosk daneben ist geöffnet. Sein Besitzer erklärt uns in hervorragendem Englisch, dass an der Höhlenkasse nur Barzahlung möglich ist.

Da wir noch keine Bulgarischen Lew haben, tauschen wir bei ihm und lassen uns beim Wechselkurs ordentlich übers Ohr hauen. Die Magura-Höhle gilt als Bulgariens größte und schönste Höhle. Sie wurde schon von Neandertalern bewohnt und ist für ihre Felsmalereien berühmt. Die ältesten stammen aus der Altsteinzeit und sind über 40 000 Jahre alt. Doch das Erste, was uns die Kassendame sagt, ist: »The paintings are closed.« Denn sie werden gerade restauriert. Das ist zwar Pech, aber wir schauen uns die Höhle trotzdem an. Und die wilden Kalksteinskulpturen, die wir auf der halbstündigen Tour entdecken, sind das auch wert. Dass der Guide nur Bulgarisch spricht, ist allerdings etwas schade. Zurück zum Eingang geht es mit einer kleinen Bimmelbahn, die am Höhlenausgang wartet.

Festung Belogradtschik

Unser nächstes Ziel liegt nur 25 Kilometer entfernt. Über der Stadt Belogradtschik thront auf einer Sandsteinklippe eine alte Festung. 2 **Belogradchishka krepost** (43.623702, 22.676938) wurde von den Römern zwischen die Felsen der bis zu 70 Meter hohen Klippe gebaut. Wir sind uns ziemlich sicher: Wenn J. R. R. Tolkien diese skurrile Felsenburg gesehen hätte, wären in »Der Herr der Ringe« sicher Orks dort eingezogen. Hinter zwei mächtigen Burgtoren führt eine steile Treppe in die Festung zwischen den Felsen. Dort kraxeln wir herum und fühlen uns ein bisschen wie am Prebischtor in der Sächsischen Schweiz – bloß sind hier viel weniger Leute.

Durch den Balkan zum Lopushan-Kloster

Die Straße 102 bringt uns durch die Ausläufer des Balkangebirges, kurz oft nur Balkan genannt, zur Autobahn A1 in Ruzhintsi zurück. Die ist hier nur zweispurig und in ziemlich schlechtem Zustand: Auf manchen Abschnitten fehlt sogar der Fahrbahnbelag, wovor allerdings keine Schilder warnen. Wir fahren am Gebirge entlang und bewundern die hohen Gipfel in der Ferne. Kurz vor Montana biegen wir zum Ogosta-Stausee ab und versuchen, am Ufer einen Übernachtungsplatz zu finden. Doch alle schönen Stellen sind von Anglern belegt, weshalb wir weiterziehen. Zuletzt landen wir in einem Seitental am Lopushan-Kloster 3 **Sveti Yoan Predtecha** (43.376111, 23.019583). Dort verbringen wir eine ruhige Nacht und werden morgens um acht von leisem Glockenläuten geweckt. Es klingt, als würde die Glocke sanft von Hand geschlagen. Als wir etwas später aus dem Bus blicken, ist auf dem Vorplatz richtig was los, denn gleich ist Gottesdienst. Für uns interessiert sich aber niemand.

Das ändert sich, als zwei junge Leute zaghaft an die offene Schiebetür klopfen. Maria und Daniel stellen sich in brillantem Englisch als Studenten aus Sofia vor, die auf Exkursion im Balkangebirge sind. Sie wollen mal Hallo

Oben: Die Felsenburg Festung Belogradtschik
Unten: In das Lopushan-Kloster Sveti Yoan Predtecha kommen praktisch nie ausländische Touristen.

sagen und fragen, wie uns Bulgarien gefällt. Aus der kurzen Begrüßung werden anderthalb Stunden Gespräch, und die beiden verpassen unseretwegen ihre Klosterführung. Wir reden über Bulgarien, die Armut und ihre Ursachen, sie erzählen vom jahrzehntelangen Exodus der jungen Bevölkerung und dessen Bedeutung für das Land. Wir fragen viel, denn wir sind neugierig auf dieses Land. Und sie überschütten uns mit tollen Reisetipps. Sofia? Hm, na ja. Fahrt lieber nach Plovdiv, das ist schön. Goldstrand? Nur wenn ihr Sauftourismus mögt, wir würden eher zum Strand bei Schabla fahren. Am Ende winken wir den beiden nach, als sie zu ihrem Reisebus spurten, der schon nach ihnen gehupt hat. Was für eine tolle Begegnung! Dann schauen wir uns das Kloster an, das wirklich hübsch und einen Besuch wert ist. An der Quelle füllen wir noch unser Wasser auf und reisen weiter.

Unser Übernachtungsplatz am Kloster
GPS: 43.376551, 23.020430

Wir fahren zurück zur Autobahn und weiter nach Osten. Auch hier ist die Straße miserabel. Nach Mezdra führt sie in die Berge, und hinter Botewgrad erreichen wir die E83/A2.

Die Devetàshka-Höhle
gehört zu den magischsten Orten unserer Reise.

Deren Zustand ist deutlich besser. Als die Autobahn in Balgarski Izvor zur Landstraße wird, ist das Dorf voller Essensstände. Es riecht so gut nach Gegrilltem, dass wir Pause machen und losschlendern. Nach einem leckeren Ćevapčići mit Ljutenica-Paste geht es weiter, und in Lovech biegen wir auf die 35 ab.

Die Magie der Devetàshka-Höhle

Am Parkplatz der 4 **Höhle Devetàshka** (43.235944, 24.883430) kommen wir erst abends an. Der Mann an der Kasse will gerade schließen, gibt uns aber freundlich zu verstehen, dass wir noch zur Höhle dürfen. Die Karsthöhle liegt hinter einer alten Brücke. Über uns wölbt sich ein gigantisches Felsendach wie ein steinerner Himmel. Durch drei riesige Felsdurchbrüche fällt das letzte Sonnenlicht des Tages, in dem Mauersegler kreisen. Das Echo ihrer Rufe bricht sich an den Höhlenwänden, sonst ist kein Laut zu hören. Ein Bach fließt durch die riesige Halle, und wo Wasser und Licht hingelangen, wuchert üppiges Grün. Der Rest ist nackte, staubgraue Erde. Wir sind die Einzigen hier und wie gebannt von der magischen Stimmung.

Als wir schließlich in der Dämmerung wieder am Eingang stehen, ist der Kassenmann noch da. Wir fragen, ob wir auf dem Parkplatz übernachten dürfen, und bekommen die Erlaubnis. Am Abend sitzen wir vor dem Bus, und über uns wölbt sich die Milchstraße. Sie erinnert uns an das Höhlendach der Devetàshka. Am nächsten Morgen verlegen wir unser Frühstück kurzerhand in die Höhle und genießen noch einmal den unwirklich schönen Anblick. Doch diesmal sind wir nicht allein, es herrscht ganz schön Besucherbetrieb.

Unser Übernachtungsplatz an der Höhle
GPS: 43.236325, 24.882904

Romantische Krushuna-Wasserfälle

Viel los ist auch an unserem nächsten Ziel. Die 5 **Krushuna-Wasserfälle** (43.250157, 25.0361601) sind nur ein paar Kilometer entfernt, und der Parkplatz ist richtig voll. Das wundert nicht, denn es ist Wochenende, und hier lockt auch noch ein Freizeitpark mit Mineralbad und Hotel Besucher an. Wir wandern daran vorbei zu den Wasserfällen. Die liegen versteckt im Wald, und der wurzelige Weg dorthin ist richtig schön. An den Fällen fließt das Wasser über grün bewachsene Stufen und sammelt sich dazwischen in kleinen Sinterbecken – ein sehr romantischer Anblick. Der Rundweg führt auch an der kleinen **Maarata-Grotte** vorbei, und zwischen den üppig grünen Bäumen können wir einen Blick auf den **Krushuna-Canyon** erhaschen. Der Wald wirkt hier so dicht wie ein Urwald. Auf dem Rückweg machen wir noch Pause auf der hübschen Terrasse des Waldgasthauses Krushun. Dann schlendern wir zurück zum Van und fahren auf den Landstraßen 301 und 303 weiter über die Dörfer. In Pavlikeni steht zwischen alten Häusern eine frisch renovierte Schule, und als wir durch das Zentrum kurven, drehen sich immer wieder Leute verwundert nach uns um. Sie können gar nicht glauben, dass hier Touristen hinkommen.

Alte Hauptstadt Weliko Tarnowo

Die letzten Kilometer nach 6 **Weliko Tarnowo** sind dann bestens ausgebaut. Wir stellen den Bus auf einem bewachten Parkplatz (43.080982, 25.648536) ab. Tarnowo war einst Hauptstadt und kulturelles Zentrum des Bulgarischen Reiches. Es liegt zwischen Mäandern der Jantra, die hier tiefe Schluchten bildet. Auf dem höchsten Felsen wurde die **Festung Tsarevets** errichtet und in den folgenden Jahrhunderten immer weiter ausgebaut. Eine lange Bogenbrücke führt in die weitläufige Anlage, auf deren höchstem Punkt die Kathedrale **Sveto Vasnesenie Gospodne** thront, die wie eine Burg in der Burg wirkt. Nach dem Festungsbesuch drehen wir noch eine schnelle Runde durch die Altstadt. Zum ersten Mal in Bulgarien sehen wir eine richtig hübsche Stadt: Die Fachwerkhäuser über den Klippen sind restauriert, und die Innenstadt wirkt modern und lebendig.

Oben links: Die verträumten Krushuna-Wasserfälle
Oben rechts: Ungewöhnliche Entdeckung auf dem Weg nach Weliko Tarnowo
Unten: Die Maarata-Grotte liegt versteckt im Wald.

Ein UFO in den Bergen

Auf der E85/5 verlassen wir die Stadt nach Süden, und bald tauchen am Horizont die bewaldeten Hügel des Balkangebirges auf. Es wird immer bergiger, und nach Negentsite führt die Straße in engen Serpentinen zum Schipka-Pass hinauf. Oben biegen wir zum Schipka-Denkmal ab, fahren heute aber daran vorbei. Die Straße 5005 ist in ziemlich schlechtem Zustand, erspart uns jedoch eine Menge Höhenmeter. Denn sie führt fast ohne Höhenverlust zu unserem letzten Tagesziel, das wir sehen können, als die Straße aus dem Wald herausführt: Auf dem Bergkamm vor uns scheint ein UFO gelandet zu sein. Das **Dom pametnik na BKP**, das »Haus Denkmal der Bulgarischen Kommunistischen Partei«, hat einen so sperrigen Namen, dass es nur 7 **Busludscha-Denkmal** (42.735764, 25.394014) genannt wird. Sieben Jahre wurde an dem prunkvollen Kultur- und Tagungszentrum gebaut, das 1981 eröffnet wurde. Doch nach Ende der Volksrepublik Bulgarien verfiel das Monument. Lange Zeit war der Lost Place rauem Wetter und Vandalismus ausgesetzt, bis vor ein paar Jahren die Innenbauten vor weiterem Verfall gesichert wurden. Seit Jahren ist eine Wiedereröffnung geplant, dann sollen Führungen durch die Ruine möglich sein. Doch einen Termin dafür gibt es noch nicht.

Oben: Am Denkmal der zwei Fackeln zu Füßen des Dom pametnik na BKP
Unten: Bald soll das Busludsha-Denkmal wieder für Besucher geöffnet werden.

Busludscha-Denkmal
Die ganze Geschichte des Denkmals könnt ihr unter de.wikipedia.org/wiki/Busludscha-Denkmal nachlesen.

Am Abend sitzen wir auf den Treppen vor der Skulptur der zwei Fackeln (42.731869, 25.387961), die sich an der Zufahrt zu unserem Schlafplatz befindet. Von hier genießen wir die fantastische Fernsicht über die Hügel des Sredna Gora in die weite Mariza-Ebene. Dort unten wachsen die Trauben des roten Mawrud-Weins, den wir dazu trinken.

Unser Übernachtungsplatz am Busludscha-Denkmal
GPS: 42.729567, 25.385701

Tags darauf stehen wir früh auf, denn wir haben eine lange Strecke vor uns. Es geht zurück zum Schipka-Pass. Diesmal halten wir am **Schipka-Denkmal** (42.748268, 25.321451) und erklimmen die 667 Stufen zum Turm, der an die Schlacht von 1878 hier an diesem Pass erinnert. Von ganz oben haben wir eine phänomenale Fernsicht, und zwischen bewaldeten Hügeln können wir sogar das Busludscha-Denkmal sehen. Danach rollen wir fast ohne Stopp 370 Kilometer quer durch Bulgarien, denn wir wollen zum Meer.

Traumstrände und Partymeile im Norden

Die Fahrt ist lang und anstrengend, und wir kommen erst in der Nacht an. Die tolle Aussicht vom Schlafplatz auf das 8 **Kap Kaliakra** (43.367967, 28.464440) können wir erst am nächsten Morgen würdigen. Beim Frühstück bekommen wir Besuch von zwei Grenzpolizisten, die uns kurz fragen, wer wir sind, und uns dann einen guten Tag wünschen. Wir fahren das kurze Stück zum Kap und besichtigen die antike Festung an der imposanten Steilküste, dann schlagen wir uns über eine ziemlich üble Piste zum Strand von Bolata (43.383230, 28.470451) durch. Dort ist es zwar hübsch, aber ziemlich voll mit bulgarischen Badegästen. Der Eisverkäufer begrüßt uns mit einem Handschlag, denn sein Eiswagen ist ein leuchtend blau lackierter VW-Bus T3.

Nach einem Eis und ausgiebig Bulli-Talk geht es weiter nach Norden. Hinter Krapets führt eine festgefahrene Sandpiste an einem Strandcafé vorbei und kilometerweit durch die Dünen. Überall lässt sich frei stehen. Doch auch hier herrscht recht viel Trubel, in Bulgarien sind Sommerferien. Über Kilometer reihen sich die wilden Camps, und es ist nicht einfach, einen freien Platz zu finden. Doch schließlich parkt der Bus mitten in den Dünen keine 30 Meter vom Strand entfernt. Der Sand ist traumhaft fein und das Wasser azurblau. Wir verbringen einen tollen Strandtag und eine wundervolle Nacht unter sternenklarem Himmel.

Unser Übernachtungsplatz am Meer
GPS: 43.647521, 28.570776

Der tolle Spot am Schwarzen Meer hat nur einen winzigen Haken: Er ist uns doch etwas zu voll. Also packen wir nach dem Frühstück unsere Sachen und siedeln um. Eine neue Heimat finden wir 20 Kilometer weiter südlich. Ziemlich abgelegen hinter dem Schablasee endet eine sandige Piste an einem Muschelstrand. Der Sand ist hier nicht so fein, die Dünen sind nicht so malerisch, doch dafür ist kaum was los. Wir haben unseren Traumspot gefunden. An diesem Platz verbringen wir drei unglaublich schöne Tage.

Unser Übernachtungsplatz am Muschelstrand
GPS: 43.55806, 28.59765

Die Felsenküste am Kap Kaliakra

Als wir schließlich sehr entspannt weiterziehen, holpern wir die Piste weiter nach Süden und kommen am 9 **Leuchtturm von Schabla** (43.540196, 28.607016) vorbei. Er liegt inmitten der Ruinen einer byzantinischen Siedlung. Von dort ist es nicht weit zum berühmt-berüchtigten Goldstrand, dem **Slatni pjasazi**. Wir riskieren einen Blick und spazieren an den Hotelbunkern entlang. An Bulgariens Ballermann ist am Tag normaler

Badebetrieb, doch in den Nächten steigt die Party. Wir fühlen uns hier nicht heimisch – welch ein Unterschied zu unseren drei wunderbaren Tagen am Muschelstrand.

Auch in Warna halten wir uns nicht lange auf, denn die Stadt ist zwar recht hübsch, aber brechend voll mit Partyvolk. Uns zieht es weiter Richtung Süden. Kurz hinter Warna wird die E87/9 wieder schlechter und nach dem Abzweig Richtung Novo Oryahovo richtig übel. Dahinter führt eine unscheinbare Betonpiste zum riesigen, wilden Dünengebiet **Kamchiiski Piasutsi**. Auch hier stehen recht viele bulgarische Wildcamper, aber wir finden einen hübschen Platz. Dann geht es zum Strand, der sich hier völlig unerschlossen kilometerweit nach Norden zieht. Dieser Platz ist außerhalb der Ferien mit Sicherheit ein absoluter Traum.

Unser Übernachtungsplatz Beach Kamchiiski Piasutsi
GPS: 42.979326, 27.892038
Anfahrt über 42.983229, 27.885678
Für die Sandpassagen benötigt ihr 4x4!

Oben links: Bulli-Talk am Strand von Bolata
Oben rechts: Eine von Tausenden am Strand am Schablasee
Unten: Unser Traumspot am Muschelstrand

Kultur und Pauschaltourismus im Süden

Den nächsten Tag vertrödeln wir am wunderschönen Strand und brechen erst am Nachmittag auf. Es geht zurück zur E87, dann fahren wir nach Süden durch die letzten Ausläufer des Balkangebirges. An der Straße stehen alte Schilder, die uns raten, herunterzuschalten. Aber warum sind die auf Deutsch? Als wir aus den Hügeln abfahren, sehen wir unter uns den weiten Bogen der Bucht von Burgas. Am Sonnenstrand stehen dicht an dicht Hotels, und an der Spitze können wir die Halbinsel von Nessebar erkennen.

In der Bucht biegen wir von der E87 auf die Promenade ab. Wir wollen uns den Touristenrummel etwas genauer ansehen. Zwischen Bettenbunkern reihen sich Bars an Bars und Shops an Shops, und in den Schaufenstern der Getränkeläden stapeln sich Schnapsflaschen. Pubs, Diners, Spielhallen und zwischendrin Supermärkte mit deutsch klingenden Namen. **Slantschew brjag**, der Sonnenstrand, ist Bulgariens größter Tourismusort und im Winter nahezu menschenleer. Im Sommer baden und feiern hier vor allem deutsche Pauschaltouristen. Uns reicht es, hier nur durchzufahren. Hinter Nessebar führt eine Buckelpiste zu einer kleinen Landspitze zwischen zwei Stränden. Auf der Klippe neben einem alten Bunker finden wir auf einer Wiese unseren Übernachtungsplatz mit toller Aussicht. Wir genießen einen flammend roten Sonnenuntergang und später den Blick auf das nächtlich beleuchtete Nessebar.

Unser Übernachtungsplatz auf der Klippe
GPS: 42.646462, 27.711372

Die Altstadt von **10** **Nessebar** schauen wir uns am nächsten Tag an. Die Stadt liegt auf einer felsigen Halbinsel. Ihre turbulente Geschichte als Teil verschiedener Weltreiche spiegelt sich in den Bauwerken der Altstadt wider. Aus byzantinischer Zeit stammen **Stadtmauer** und **Alte Metropoliskirche**, die **Christus-Pantokrator-Kirche** ist aus dem 13. oder 14. Jahrhundert. Dazwischen stehen Holzhäuser der bulgarischen Renaissance aus dem 19. Jahrhundert. Wir schlendern eine Weile durch die hübschen Gassen, dann geht es durch das prächtige Stadttor zu unserem Parkplatz (42.660154, 27.733891) zurück. Wir nehmen Abschied von der Schwarzmeerküste und machen uns auf den Weg zum nächsten Etappenziel knapp 300 Kilometer weiter westlich.

Entdeckungstour durch Plovdiv

Die Fahrt auf der gut ausgebauten A1 durch die Thrakische Ebene ist entspannt, und nachmittags fahren wir an Plovdiv vorbei. Denn bevor wir uns die Stadt anschauen, brauchen wir einen Boxenstopp. Den perfekten Ort dafür finden wir im Örtchen Tsalapitsa. Im Garten ihres Hauses haben Dmitri und seine Familie aus Charkiw in der Ukraine eine kleine Oase geschaffen, die alles hat, was wir so brauchen. Unter einem schattigen Walnussbaum machen wir klar Schiff und große Wäsche. In den zwei Tagen, die wir bleiben, umsorgt uns die Familie liebevoll und beschenkt uns mit frischem Obst und Gemüse aus dem Garten.

Camping Ukraine
ул. Васил Петлешков 2, 4218 Tsalapitsa,
Tel. +359 87 9652633, borschtcamp.wixsite.com/borscht-camping
GPS: 42.182617, 24.559591

11 **Plovdiv**, Bulgariens zweitgrößte Stadt, wurde einst auf sieben Hügeln an den Ufern der Mariza gebaut. Seit der Steinzeit siedeln dort Menschen. Drei der Hügel erheben sich wie grüne Inseln zwischen den Häusern der heutigen Stadt. Vom bewachten Parkplatz (42.14156, 24.75134) laufen wir zu Plovdivs erster Attraktion, dem **Römischen Theater**. Es gilt als eines der am besten erhaltenen Amphitheater der Welt. Noch heute finden hier Aufführungen und Konzerte statt, bei denen die Zuschauer auf den fast 2000 Jahre alten Steinbänken sitzen. Wir gehen im Theater auf Entdeckungstour, selbst hinter den Bühnenbauten können wir uns umsehen. Danach

Oben: Cruise gefällig? Ausflugsboot im Hafen von Nessebar
Unten: Abseits des Touristenrummels liegt der FKK-Strand von Nessebar.

РАЗХОДКА С КОРАБЧЕ
Несебър - Св. Влас - Райска градина
BOAT TRIP
Old Nesebar - St. Vlas - Garden of Eden
ПРОГУЛКА НА ЛОДКЕ
Несебр - Св. Влас - Райский сад
РАЗПИСАНИЕ
Мечта

führt unser Weg zur hübschen Kirche **Sweta Bogorodiza** und weiter in die Altstadt. Diese hat sich richtig herausgeputzt, denn Plovdiv war 2019 Kulturhauptstadt Europas.

Im 19. Jahrhundert war Plovdiv ein wichtiges Zentrum der »Bulgarischen Wiedergeburt«, und diese Epoche prägt das Stadtbild noch heute. In den gepflasterten Gassen mischen sich Jugendstilfassaden und prächtiges Pseudobarock zwischen typische bulgarische Holzhäuser. Manches ist verfallen, vieles restauriert, und wir sind ganz hingerissen vom charmanten Mix aus Alt und Neu. In der belebten Fußgängerzone spenden alte Bäume Schatten, die Geschäfte und Cafés sind voller Menschen. Wie schön es hier ist! Wir schauen uns das **Römische Stadion** unter dem Dzhumayata-Platz an und besuchen die **Dschumaja-Moschee**. Dann drehen wir eine Runde durch das Kneipenviertel **Kapana**. Wir landen im Restaurant Festival und genießen den Mix aus west- und osteuropäischer Küche.

Restaurant Festival
ul. Pavel Kurtevich 2, Tel. +359 89 8704701
GPS: 42.148802, 24.748912

Oben: Das Römische Stadion in Plovdiv
Unten links: Die Renaissance-Kirche Sweta Bogorodiza wurde im 19. Jahrhundert gebaut.
Unten rechts: Keine Balkan-Küche, aber trotzdem lecker

Neu gestärkt, machen wir uns an den Aufstieg zum Hügel **Sahat Tepe**. Darauf steht in einem verwilderten Park der mittelalterliche **Uhrenturm**. Auf den kann man zwar nicht hinauf, aber das ist nicht so schlimm. Denn hinter Plovdivs Sendehaus voller Richtantennen kraxeln wir über Felsen an den Rand einer Klippe (42.145550, 24.746666). Dort sitzen wir wie auf einer Terrasse, überblicken die Stadt mit ihren grünen Hügeln und ziehen Resümee. Wir haben uns tatsächlich etwas verliebt in dieses Plovdiv, in dem Altes und Neues ganz nah beieinanderliegen und dessen quirlige Aufbruchsstimmung fast greifbar ist. Wie es wohl wäre, hier eine Weile zu leben? Wir müssen an die Studentin Maria denken, die uns von dieser Klippe erzählt hat: »Fahrt lieber nach Plovdiv, das ist schön.«

Durch wilde Berge zu den Rila-Seen

Dann nehmen wir Abschied vom schönen Plovdiv und machen uns an die lange Fahrt in die bulgarischen Berge. Auf der E80/1 geht es nach Westen, dann biegen wir auf die 80 ab. Ihr schlechter Zustand wird noch von der Landstraße 82 übertroffen, die durch die ersten Gebirgsausläufer führt. Manche Schlaglöcher sind so tief, dass Wasser darin steht. Dann folgen 30 gerade, perfekt ausgebaute Kilometer. Die 6204 bringt uns nach **Saparewa Banja** am Fuße des Rila-Gebirges. Hier entspringen Südosteuropas einziger Geysir und eine 101 °C heiße Thermalquelle. Wir wollen aber noch weiter. Die Straße 6206 führt in steilen Kehren hinauf ins Rila-Gebirge.

Als wir am Wanderparkplatz unterhalb des Sessellifts Pionerska Rilskiezera ankommen, ist es schon lange dunkel.

Unser Übernachtungsplatz am Wanderparkplatz
GPS: 42.24255, 23.32517

Am Morgen ist der Himmel ziemlich grau, und es sieht nach Regen aus. Wir entscheiden uns trotzdem, zu 12 **Sedemte rilski ezera**, den Sieben Rila-Seen, aufzubrechen. Diese Eiszeitseen im Damka-Tal des Rila-Nationalparks sind zwischen 2100 und 2500 Meter Höhe in Terrassen angeordnet. Sie gehören zu den meistbesuchten Zielen in Bulgarien. Den Weg zum Lift teilen wir uns mit Wochenendbesuchern, und als wir im Sessellift sitzen, fängt es an zu schütten. 500 Meter weiter oben sind wir tropfnass, aber trotzdem bester Laune, denn die Aussicht in den Kessel des alpinen Kartals ist grandios. Zum Glück macht der Regen dann eine Pause. Wir freunden uns mit einer bulgarischen Wandertruppe an und steigen gemeinsam zum ersten See auf. Als wir viel später nach einem letzten steilen Anstieg im waagerecht peitschenden Regen am Aussichtspunkt (42.19867, 23.31121) des obersten Sees, des Tränensees, ankommen, wissen wir, dass dieser Anblick jeden Meter und jeden Regentropfen wert war.

Wandern im Rila-Nationalpark
Weitere Infos und Tourenvorschläge findet ihr auf der Webseite des Nationalparks:
rilanationalpark.bg/en

Zurück im Tal, geht unsere Reise weiter. Auch auf der Rückfahrt halten wir nicht in Saparewa Banja, sondern biegen nach Dupnisa ab, wo wir kurz zum Einkaufen halten. So schaffen wir es noch zu unserem Übernachtungsplatz an einem kleinen Picknickplatz im Rila-Tal, bevor es dunkel wird.

Unser Übernachtungsplatz im Rila-Tal
GPS: 42.12830, 23.17158

Die stille Schönheit des Klosters Rila

Zum berühmten Rila-Kloster haben wir es am nächsten Tag nicht weit. Wir parken 100 Meter vor dem 13 **Kloster des heiligen Iwan von Rila** (42.133333, 23.340278), weil wir gewarnt wurden, dass die Parkplatzwächter recht oft

Oben links: Mit der Seilbahn zum Startpunkt unserer Wanderung
Oben rechts: Unsere Wanderfreunde beim Aufstieg
Unten: Die Aussicht auf die Rila-Seen ist auch bei Regen überwältigend.

bei den Gebühren schummeln. Das Kloster aus dem 10. Jahrhundert ist UNESCO-Welterbe. Seit seiner Gründung wurde es mehrfach zerstört und wiederaufgebaut, 1834 bis 1860 in seiner heutigen Form. Wir sind überrascht, wie entspannt es in einer von Bulgariens wichtigsten Sehenswürdigkeiten zugeht. Eine Handvoll Touristen bestaunt den wunderschön gestalteten Innenhof, während Mönche in langen Gewändern ihrer Arbeit nachgehen. Die prächtige Klosterkirche Sweta Bogorodiza wurde nach einem Brand im 19. Jahrhundert gebaut, und ihre Bogengänge sind kunstvoll mit bunten Fresken verziert. Das Innere der Kirche erstrahlt im Licht unzähliger Kerzen.

In den Bergen des Pirin

An den Rila-Nationalpark schließt nach Süden ein weiteres Hochgebirge an, die Gipfel des 14 **Pirin-Gebirges**. Auch die sind Nationalpark, und auch dort gibt es eine berühmte Seen-Wanderung. Aus dem Rila-Tal geht es zurück zur Bundesstraße 1 und ein Stück über die Autobahn E79. In Simitli biegen wir auf die Landstraße 19 ab, die uns stetig bergauf in den Skiort Bansko bringt. Hier ist im Sommer kaum etwas los. Dahinter muss sich unser Bus die letzten 13 Kilometer über enge Serpentinen 900 Höhenmeter nach oben quälen. Dann haben wir unser Ziel erreicht, den Campingplatz Banderitsa.

Oben: Das Rila-Kloster ist einzigartig schön.
Unten: Verheißungsvolle Berge im Pirin-Gebirge

Banderitsa Camping
2770 Bansko, Tel. +359 89 8422340
GPS: 41.76630, 23.42420

Hinter dem Restaurant suchen wir uns einen Stellplatz, dann wandern wir los. Wir schaffen es fast bis zum Okoto-See, bevor es zu regnen anfängt. Auch am nächsten Morgen regnet es, und zwischen den Pirin-Berge hängen dunkle Wolken. Gegen Mittag ist klar, dass aus unserer geplanten Tagestour nichts wird. Auch für die nächsten Tage klingen die Aussichten düster. Wir hadern eine Weile mit unserem Schicksal und beugen uns schließlich dem Wettergott: Es geht zurück nach Bansko, wo wir nach rechts über die Bundesstraße Richtung Griechenland fahren. Als wir ein paar Stunden später in Ilinden an der Grenze stehen, scheint über uns längst wieder die Sonne.

Wandern im Pirin-Gebirge
Wenn ihr im Pirin mehr Wetterglück habt, findet ihr unter alltrails.com/de/parks/bulgaria/blagoevgrad/pirin-national-park diverse Tourenvorschläge.
Ihr solltet auch den Spaziergang zu einem der ältesten Bäume der Welt nicht verpassen: Bajkuschewa Mura (41.767020, 23.422890) ist eine über 1300 Jahre alte Schlangenhaut-Kiefer, die nicht weit vom Campingplatz entfernt wächst.

Reiseinfos zu Bulgarien

Währung Lew (BGN)
1 Lew = 100 Stotínki, Faustregel Wechselkurs:
1 Euro = ca. 2 Lewa

Zeitverschiebung
1 Stunde, OEZ/OESZ (MEZ+1/MESZ+1)

Notrufnummern Euro-Notruf 112

Einreiseregeln/Wichtige Reisedokumente
Grenzkontrollen sind bei Ein- und Ausreise obligatorisch. Für deutsche Staatsbürger gelten Reisepass oder Personalausweis. Führerschein und Fahrzeugschein sind notwendig. Die Grüne Versicherungskarte ist nicht nötig, wird aber empfohlen.

Internet/Netzabdeckung/ Netzgeschwindigkeit
Als EU-Mitglied gilt in Bulgarien kostenloses Roaming. Die Netzabdeckung ist sehr gut. Wir hatten auch in abgelegenen Gebieten mindestens 4G-Geschwindigkeit.

Freies Übernachten
Offiziell ist freies Campen in Bulgarien verboten. Doch daran hält sich kaum jemand, an der Küste ist frei zu campen sogar Volkssport. Dennoch solltet ihr euch immer an die üblichen Verhaltensregeln halten und um Erlaubnis fragen, wenn ihr die Möglichkeit habt.

Camping-Infrastruktur
Die Campingplatzdichte ist in Bulgarien sehr gering, wird aber stetig besser. Die Plätze sind häufig eher einfach, dafür ist bei familiengeführten Campingplätzen der Service oft außergewöhnlich freundlich. Das Befüllen von Gasflaschen ist offiziell nicht möglich, manche Anbieter machen es aber trotzdem. Adapter sollten dann vorhanden sein.

Trinkwasserqualität
Leitungswasser ist in Bulgarien zwar Trinkwasser, sollte aber wegen der häufig sehr alten Leitungssysteme nicht getrunken werden. Wir haben Quellen und Brunnen auf Campingplätzen genutzt und Wasser generell gefiltert. Damit hatten wir keine Probleme. Im Zweifel solltet ihr Einheimische fragen.

Tempolimits/Lichtpflicht/Straßenqualität
Innerorts gilt Tempolimit 50, außerorts 90, auf Autobahnen 130 km/h. Auch tagsüber gilt ganzjährig Lichtpflicht. Die Straßen sind in weiten Teilen des Landes in schlechtem Zustand. In dünn besiedelten Gebieten müsst ihr mit extrem schlechten Straßen und gefährlichen Schlaglöchern rechnen. Nachtfahrten solltet ihr dort vermeiden. Straßen um Ballungsräume und manche Teile der Autobahnen und Fernstrecken sind hingegen modernisiert und problemlos befahrbar.

Straßenmaut
Auf Nationalstraßen gilt generelle Mautpflicht. Die elektronische Vignette kann unter bgtoll.bg, per App BGTOLL oder an Terminals (Menüführung auch in Deutsch) an Grenzübergängen und größeren Tankstellen erworben werden. Genaue Infos findet ihr unter adac.de/reise-freizeit/maut-vignette/bulgarien

Reisewortschatz – die Basics

Deutsch	Bulgarisch (Bŭlgarski)
Hallo	Zdraveĭ
Tschüss	Chao
Guten Tag!	Dobŭr den
Auf Wiedersehen!	Dovizhdane
Ja / Nein	Da/Ne
Ja bitte / Nein danke	Da, molya/Ne, blagodarya
Danke	Blagodarya
Bitte	Molya te
Entschuldigung	Izvinete
Sehr gut!	Mnogo dobre!
Ich heiße …	Moeto ime e ...
Wie heißt du?	Kak se kazvash?
Prost!	Nazdrave!
Darf ich Englisch/Deutsch mit dir sprechen?	Moga li da govorya s vas na anglïĭski/nemski?
Ich brauche Hilfe.	Imam nuzhda ot pomosht.

Streckenlänge
1000 Kilometer

Empfohlener Aufenthalt
6 bis 8 Tage

Highlights
Nestos-Schlucht, Vikos-Canyon, Thessaloniki, Meteora-Klöster, Chalkidiki-Halbinsel

ETAPPE 8

NORDGRIECHENLAND

Nordgriechenland

WEISSE STRÄNDE, TIEFE CANYONS UND SCHWEBENDE FELSENKLÖSTER

Ellinikí Dimokratía, die Hellenische Republik, ist für Reisen mit dem Camper ein absolutes Traumziel. Das liegt nicht nur am mediterranen Klima, den Tausenden Inseln und 13 676 Kilometern Küstenlinie. Landschaftlich und kulturell ist Griechenland so vielfältig, dass man damit problemlos ein Dutzend Reiseführer füllen könnte. Und obwohl das Land zur Balkanhalbinsel gehört, unterscheidet es sich sehr von den eher slawisch geprägten früheren Ostblockländern, die in unseren Augen das Herz des Balkans sind. Für unsere Reise haben wir uns daher entschieden, uns auf den Norden des Landes zu konzentrieren, der unter Campern noch ein bisschen als Geheimtipp gilt. Im Norden sind die höchsten Berge Griechenlands und seine tiefsten Schluchten, hier liegt die zweitgrößte Stadt des Landes, Thessaloniki. Und neben bekannten Touristen-Highlights gibt es im Norden immer wieder Orte zu entdecken, wo man kaum andere Touristen trifft.

Abend am Galani Beach, dem Eingang zur Nestos-Schlucht

Das antike Griechenland gilt als Wiege Europas. Keine andere frühe Hochkultur hat unsere moderne westliche Gesellschaft so nachhaltig geprägt. In Griechenland entstanden Demokratie und Philosophie, Naturwissenschaften, Architektur, Literatur und Kunst erfuhren entscheidende Entwicklungsimpulse. Die Wurzeln des antiken Griechenlands reichen in die mykenische Kultur der Bronzezeit zurück. Daraus entwickelten sich die griechischen Stadtstaaten, die fast den ganzen Mittelmeerraum eroberten und der griechischen Kultur zu einer weiten Verbreitung verhalfen. Selbst als das Römische Reich den Staatenbund eroberte, dauerte die Hellenisierung an. Und auch in den darauffolgenden fast 400 Jahren unter osmanischer Herrschaft konnte Griechenland seine kulturelle Identität bewahren. Erst im 19. Jahrhundert wurde das Gebiet wieder unabhängig. Im Zweiten Weltkrieg besetzten Italien und Deutschland das Land, anschließend folgten vier Jahre Bürgerkrieg und eine lange Militärdiktatur. Seit 1975 ist Griechenland eine parlamentarische Demokratie, die der NATO und der Europäischen Union angehört. Der Norden des Landes gehörte lange zu Mazedonien und wurde erst Anfang des 20. Jahrhunderts griechisches Staatsgebiet.

Griechenlands Norden wird von den schroffen Hochgebirgen Pindos und Olymp geprägt und liegt zwischen Ionischem Meer und der Ägäis. Das Klima ist etwas kühler als im Süden und deutlich feuchter, hier fällt selbst im Sommer öfter Regen. Die Flüsse führen ganzjährig Wasser, entsprechend grün ist die mediterrane Landschaft. An den Küsten wachsen Palmen, in den abgelegenen Tälern Lorbeer-, Zypressen- und Erdbeerbäume und in den Höhenlagen der Gebirge endemische Griechische Tannen. Wer hier Urlaub macht, kann zwischen Hunderten Stränden und Tausenden Wanderwegen wählen, antike Ruinen oder pittoreske Dörfer und Städte besuchen, in denen ausgesprochen entspannte Menschen zu Hause sind.

Dass die Einwohner so gut gelaunt sind, liegt wahrscheinlich auch am mediterranen Essen, denn die griechische Küche ist fantastisch. Viel frisches Gemüse, Knoblauch und aromatische Schafs- und Ziegenkäse kommen auf den Tisch. Frischer Fisch und Meeresfrüchte werden mit Oregano, Minze und Thymian aus dem eigenen Garten gewürzt. Schweinefleisch wird als Bifteki oder Gyros gegrillt, Schafsfleisch als Souvlaki. Kaninchenfleisch kommt als Stifado in den Schmortopf, dazu gibt es Tsatsiki und frisches Pita-Brot. Aus Auberginen wird Moussaka oder Imam Baildi. Nicht zu vergessen die Oliven: Kalamata, Chalkidiki, Valanolia – 60 verschiedene Sorten wachsen in Griechenland, und jede hat ihr ganz einzigartiges Aroma. Das gilt auch für den griechischen Wein, dessen Anbautradition bis in die Antike zurückreicht.

Wir waren fasziniert, wie wild Griechenlands nördliche Bergregion noch ist und wie entspannt es an den Küsten zugeht. Für uns steht fest, dass uns sehr bald ein nächster Urlaub wieder hierherführen wird. Dann werden wir mit der Fähre von Venedig kommen und von Igoumenitsa aus den Rest des Landes entdecken.

Unsere Einreise über Exochi

Das Erste, was uns nach der Grenzkontrolle in Exochi auffällt, ist die nagelneue Straße, die durch grüne Hügel und hinter Kato Nevrokopi in die Berge führt. Hinter diesen liegt eine weite Ebene, in die wir nach Prosotsani abfahren. Die Straße 57 geht schnurgerade nach Drama und wird zur 12. Bei unserer Fahrt quer durch die Stadt bewundern wir die mediterranen Häuser. Hier ist nichts verfallen, und alles leuchtet in frischen Farben, ein ziemlicher Unterschied zu Bulgarien. Hinter Stavros führen Serpentinen über einen Hügel, und dann können wir zum ersten Mal das Ägäische Meer sehen. Unter uns liegt Kavala, doch

Unsere Kajak-Tour mit Forestis Outdoor war wie ein Ausflug mit Freunden.

wir biegen auf die Autobahn E90 nach Osten ab. Sie führt durch mediterrane Felsenlandschaft, dann weichen die buschbewachsenen roten Felsen einer weiten grünen Ebene, dem Nestos-Delta. Diese Gegend wird landwirtschaftlich intensiv genutzt, und Felder ziehen sich bis zur Küste. Als die Autobahn den Nestos überquert, biegen wir nach Stathmos ab. Dahinter wird die Straße einspurig, führt in eine enge Schlucht und endet schließlich an einem Parkplatz.

Entspannt durch die Nestos-Schlucht

Wir haben unser Ziel erreicht, den Eingang zur 1 **Stena Nestou** (41.092761, 24.759411), der Schlucht des Nestos. In einer engen Flusskehre hat sich hier ein breiter Strand aus feinem Sand gebildet. Am Galani Beach ist ganz schön was los, vor einer kleinen Bar wird gefeiert, und unter Bäumen am Strand stehen Zelte. Doch es ist genügend Platz für alle, und der Strand ist ein kleines Paradies. Als wir nach unserem Bad im Fluss unter steilen Felsen tropfnass im warmen Sand sitzen, können wir den Unterschied zum Morgen in den Bergen des Pirin-Gebirges kaum fassen.

Nach einer etwas lauten Nacht auf dem Parkplatz klingelt recht früh der Wecker. Die lange Autofahrt gestern haben wir genutzt, um uns für eine Entdeckungstour anzumelden: Wir wollen die Nestos-Schlucht im Kajak durchqueren. Da der Parkplatz unser Treffpunkt ist, müssen wir nur ein paar Meter gehen, dann begrüßt uns Ilina von Forestis Outdoor herzlich. Als alle Teilnehmer zusammen sind, fahren wir in Ilinas Minivan zurück nach Stathmos und über eine holprige Bergstraße nach Paranesti. Von dort geht es mit unseren Kajaks im Schlepp weiter zum Einsetzpunkt an einer Sandbank inmitten von Sonnenblumenfeldern. Unser Guide Christós unterweist die kleine Gruppe sehr genau, bevor wir in die Kajaks steigen dürfen. Dann paddeln wir flussabwärts.

Oben: Traumhaft schöne Badestellen in der Nestos-Schlucht
Unten: Für die Sandpassagen am Paralia Magganon braucht es 4x4.

Bald ragen vor uns die ersten Felsen auf, und der Fluss mäandert gemächlich hindurch. Schwarze Enten begleiten unsere Boote, und ab und zu fliegen Flussreiher auf, um ein Stück vor uns wieder zu landen. Niemand außer uns ist in diesem Idyll unterwegs. Der Fluss lässt sich ganz einfach paddeln, und wo Hindernisse auftauchen, hat Christós jedes Boot genau im Auge, um notfalls zu helfen. Obwohl wir uns untereinander nicht kennen, ist die Stimmung in der kleinen Gruppe entspannt und richtig familiär. Und die Schlucht wird immer beeindruckender. Rechts und links streben senkrechte Felswände empor, an denen Bäume wachsen. An wunderschönen Sandbänken machen wir Badepausen, bei denen alle ihre Kekse untereinander teilen. Schöner kann ein Tag am Fluss kaum sein. Als wir nach ein paar Stunden entspannter Fahrt am Galani Beach ankommen, werden

wir schon vom Chef persönlich erwartet. Alle packen beim Verladen der Boote mit an, und als die Gruppe sich trennt, ist es fast, als würden sich Freunde verabschieden.

Forestis Outdoor
Paranesti 660 35, Tel. +30 694 7825551, forestis.gr
GPS Basis: 41.267289, 24.489904
GPS Treffpunkt: 41.092761, 24.759411

Wer sich mit dem Auto am Strand erwischen lässt, muss Strafe zahlen. Viele Einheimische fahren trotzdem dort hin.

Zu Fuß die Schlucht entdecken
Wenn ihr keine Zeit für eine Kajaktour habt, könnt ihr die Schlucht auch zu Fuß vom Parkplatz aus erkunden. Infos: alltrails.com/de/route/greece/eastern-macedonia-and-thrace--2/nestos-river-hike

Am Strand des Nestos-Deltas

Zu unserem Ziel für die Nacht sind es nur 30 Kilometer durch die Felder des Nestos-Deltas. Der Strand 2 **Paralia Magganon** (40.915442, 24.890992) liegt ziemlich abgeschieden zwischen Dünen. Auf dem Parkplatz der kleinen Bar Koukoutsi kann man übernachten, es gibt

Toiletten (zum Hocken) und sogar Duschen. Wir fahren aber links an der Bar vorbei und folgen einer Sandpiste weiter in die (etwas vermüllten) Dünen. Von dort führen Stichwege zum breiten Strand. Fischer und Einheimische parken hier, und manche fahren zum Angeln bis an den Strand, doch das ist offiziell verboten. Wir suchen uns lieber etwas abseits einen Dünenplatz und machen uns zu Fuß zum Strandspaziergang auf. Als die Sonne untergeht, sitzen wir mit einem Cocktail von der Bar im feinen weißen Sand. Auch unseren Kaffee trinken wir am nächsten Morgen am Strand und gehen dann baden. Das türkisfarbene Wasser ist hier so schön, dass wir beschließen, noch eine Nacht zu bleiben. Und so wird am Abend einfach das Programm vom Vortag wiederholt.

Unser Übernachtungsplatz am Paralia Magganon
GPS: 40.91743, 24.89647
Sandpassagen nur mit 4×4!

Die Hafenstadt Kavala

Am nächsten Tag schaffen wir dann den Absprung und brechen nach 3 **Kavala** auf. Dort parken wir unterhalb der **Altstadt** am Hafen (40.931918, 24.413424) und spazieren zur **byzantinischen Festung**. Von oben haben wir einen tollen Blick auf die Bucht und die Insel Thasos. Durch die steilen Gassen des alten Türkenviertels **Panagia** laufen wir zum riesigen zweistöckigen **Aquädukt** aus der

Römerzeit. Dann geht es zurück zum Hafen und mit unserem Bus auf der Küstenstraße 5510 weiter Richtung Westen. Wir schauen uns ein paar freie Plätze an den Stränden an, doch keiner kann uns überzeugen, länger zu bleiben. Und so landen wir am Ende des Tages auf einem Campingplatz in Asprovalta. Der ist zwar schon etwas in die Jahre gekommen, aber sein Strand ist wirklich schön. Nur warum morgens um sieben Uhr die Müllabfuhr über den Platz fahren muss, haben wir nicht so recht verstanden.

Camping Asprovalta
Agios Georgios 570 21, Tel. +30 239 7022046
GPS: 40.735773, 23.717218

Die Finger der Chalkidiki-Halbinsel

Hinter Asprovalta beginnt die 4 **Halbinsel Chalkidiki**, deren drei Landzungen Kassandra, Sithonia und Athos wie Finger in die Ägäis ragen. Von Asprovalta fahren wir an der Küste entlang nach Olimpiada. Dahinter liegt auf dem Hügel einer kleinen Landzunge die **Ruinenstadt Stageira** (40.591882, 23.797149), die Geburtsstadt des Philosophen Aristoteles. Wir stromern durch die Ruinen und gehen am Sikia-Strand baden, wo man sogar duschen kann. Auch weiter an der Küste entlang finden wir noch schöne Strände. Dann schlängelt sich die Straße durch hügeliges Waldland, das wundervoll nach Pinien duftet. Dahinter liegt das Örtchen Stratoni, dessen Stränden wir ebenfalls einen Besuch abstatten. Und so geht es weiter, bis wir in Ierissos sind. Am Ende des Ortes parken wir (40.39806, 23.88421) und spazieren die Promenade entlang. Es reiht sich ein Restaurant ans andere, und wir können nicht widerstehen. So landen wir in der Athos Taverne und genießen ausgezeichnete Dorade und unser erstes echtes griechisches Gyros.

Athos Taverne
Strandpromenade, Ierissos 630 75,
Tel. +30 237 7022966
GPS: 40.400369, 23.880806

Nach dem leckeren Essen brauchen wir noch eine Bleibe für die Nacht und entscheiden uns für einen Campingplatz bei Ouranoupoli auf der Landzunge Athos. Der ist zwar mächtig eng, aber wir stehen nur ein paar Dutzend Meter von einem hübschen Strand entfernt, wo wir den Sonnenuntergang genießen. Da man dort auch schnorcheln und Kajaks mieten kann, bleiben wir sogar einen

Oben: Die Altstadt von Kavala mit römischem Aquädukt
Unten: Schattenparken in Asprovalta

weiteren Tag. Zum Glück, denn sonst hätten wir am Abend das hervorragende Restaurant Ta Votsala verpasst, das die Familie des Campingplatzes betreibt. Die geräucherte Makrele ist der Hammer.

Ouranoupoli Camping
Ouranoupoli 630 75, Tel. +30 697 2241567, camping-ouranoupoli.gr
GPS: 40.339120, 23.970080

Hinter Ouranoupoli trennt dann Stacheldraht die Landzunge und ihren 2033 Meter hohen Berg Athos vom Rest der Welt. Auf dem Gebiet der autonomen **Mönchsrepublik Athos** siedeln seit dem 9. Jahrhundert orthodoxe Mönche und haben mehr als 20 Klöster errichtet. Seit fast 1000 Jahren ist es Frauen verboten, Athos zu betreten. Vom Hafen in Ouranoupoli starten Bootstouren, die die Landzunge umrunden.

Wir fahren zurück nach Ierissos und auf einer rumpeligen Schlaglochpiste durch die Berge zum nördlichsten Ende der Landzunge Sithonia. Bei Ormos Panagias erstreckt sich über Kilometer der schöne Sandstrand **Trani Ammouda**. Sein Abschnitt im Norden heißt Pirgos und ist bei freien Campern sehr beliebt. Eine Felsklippe ragt dort ins Meer, auf der die Ruinen eines byzantinischen Wachturms stehen. Wir suchen uns einen Stellplatz zwischen den anderen Campern und schauen uns die Ruinen an. Den Rest des Tages verbringen wir am Strand und übernachten dort beim Rauschen der Wellen.

Unser Übernachtungsplatz am Pirgos-Strand
GPS: 40.25192, 23.72295

Tags darauf durchqueren wir Sithonia und fahren die felsige Westküste der Landzunge entlang. Hier wechseln sich lange Sandstrände mit kleinen, felsigen Buchten ab, dazwischen liegen hübsche Hafenstädtchen und an der Südspitze die Lagune von Porto Koufo. Dahinter führt eine üble Allradpiste zum Kap Sithonia. Unser Plan, länger auf der Landzunge zu bleiben, wird durch einen Wetterumschwung vereitelt: Für die nächsten Tage sind schwere Gewitter angesagt. Wir schaffen es nicht ganz zurück und wettern eine Nacht am Strand von Azapiko ab. Es blitzt und donnert wie verrückt, und seit dieser Nacht wissen wir, wie Ozon riecht. Wie beruhigend, dass unser Auto ein faradayscher Käfig ist.

Oben links: Unser erstes echt griechisches Gyros, lecker!
Oben rechts: Der Stadtstrand in Ierissos ist nicht überlaufen.
Unten: Alte Schiffe unter sich

Für die Fahrt zum Kap Sithonia braucht es 4x4 mit Untersetzung.

Unser Übernachtungsplatz am Azapiko-Strand
GPS: 40.01109, 23.86324

Kap Sithonia
Falls ihr mit 4×4 unterwegs seid, könnt ihr von Porto Koufo zum Doppelstrand am Kap Sithonia (39.938417, 23.931739) fahren. Der letzte Pistenkilometer ist allerdings wirklich ruppig. Am Ende gilt es eine lange, ausgewaschene und 45 Grad steile Abfahrt zu meistern, die ihr auf dem Rückweg wieder hoch müsst. Das geht nur bei absolut trockener Witterung und wenn euer Auto Untersetzung und ausreichend Bodenfreiheit hat. Für diese Mühe wird man mit einem einzigartigen Ort belohnt.

Am nächsten Morgen ist aus den Wiesen hinter dem Strand ein See geworden, und den Weg zur Straße quert ein reißender Bach. Den müssen wir erst furten, um zu entkommen. Es schüttet wie aus Eimern, und so fällt unser Ausflug zum Kap Possidi (39.958842, 23.360199) auf der Landzunge Kassandra buchstäblich ins Wasser. Wir flüchten vor dem Regen 130 Kilometer nach Norden.

Oben: Türkisblaues, klares Wasser und feiner Sand in Ierissos
Unten: Archaische Regeln: Die Mönchsrepublik Athos darf nicht von Frauen betreten werden.

Auch dort ragt eine schmale Spitze aus Sand ins Meer, das Kap Epanomi (40.374601, 22.8901883). Eine rumpelige Sandpiste führt hin, und auf dem Weg passieren wir ein altes Schiffswrack (40.37580, 22.897103). Hier soll sich bei gutem Wetter prima schnorcheln lassen. Zum Kap selbst kommt man zwar nur mit 4×4, doch wer auf der festgefahrenen Piste bleibt, schafft es auch ohne bis zum Wrack. Statt im Regen zu schnorcheln, suchen wir uns einen Dünenplatz und schauen durch die nasse Windschutzscheibe aufs Meer. Wir verbringen dort eine ruhige Nacht, können den Platz aber dennoch nicht empfehlen. Hier wurde später mehrfach in Fahrzeuge eingebrochen. Als Alternative bietet sich in dieser Gegend der Campingplatz Akti Retzika (40.382400, 22.927037) an.

Makedoniens Hauptstadt Thessaloniki

Weil das Wetter auch am darauffolgenden Tag trübe ist, entscheiden wir uns spontan zum Stadtbesuch in 5 **Thessaloniki**, Griechenlands zweitgrößter Stadt. Nach ein paar Kilometern auf der Autobahn 24 stellen wir unseren Bus auf einen bewachten Parkplatz (40.63422, 22.93519) am Fährhafen. Wir spazieren die endlos lange Promenade entlang zum **Lefkos Pyrgos**, dem Weißen Turm. Das Wahrzeichen der Stadt wurde von den Osmanen gebaut und war einst Wehrturm und Gefängnis. Kurz danach stehen wir vor den berühmten **Umbrellas**. Die filigrane Skulptur aus Regenschirmen stammt vom griechischen Bildhauer Giorgos Zongolopoulos und wird von Selfie-Touristen belagert. Wir gehen in die Innenstadt zum **Galeriusbogen**, einem spätrömischen Triumphbogen. Der Bogen bildete einst mit der **Rotunde** ein Ensemble, beides ließ der römische Kaiser Galerius bauen. Im Inneren der Rotunde bewundern wir goldene Mosaike, die zu den ältesten des östlichen Christentums gehören.

Unser Stadtspaziergang führt uns auch zu einem skurrilen Brunnen in den **Gärten des Pascha**. Wer sie im 19. Jahrhundert erbaute, ist vergessen, er hatte aber ganz offensichtlich ein Faible für Kleckersandburgen. Wir wundern uns eine Weile und ziehen weiter. Vom Park aus können wir die prunkvolle **Ekklisia Agios Pavlos** sehen, die orthodoxe Kirche des Apostels Paulus. Noch höher über der Stadt liegen die alten byzantinischen Stadtmauern. Wir umrunden den mächtigen **Trigonenturm** und wandern an der hohen Mauer entlang zum **Vlatades-Kloster** aus dem 14. Jahrhundert. Das liegt mit seinem schönen Innenhof wie eine stille Insel über der Stadt. Durch schmale Gassen der Unterstadt geht es weiter zum **Kapani-Markt**. Schon zu Zeiten der Osmanen war das ein zentraler Basar, noch heute werden in den Hallen Gemüse, Fleisch und Meeresfrüchte angeboten. Ganze Schafhälften hängen zum Verkauf, aber es gibt auch Kleidung und Haushaltswaren. Wir decken uns mit Brot, Gemüse und köstlichen Oliven ein, bis wir kaum noch etwas tragen können. So beladen geht es zum Auto zurück, und wir lassen Thessaloniki hinter uns.

Unser Traumplatz zu Füßen des Olymps

Auf der E75 fahren wir aus der Stadt und biegen bald nach Süden. In der Ferne tauchen hohe Berge auf, das Massiv des Olymps. Das höchste Gebirge Griechenlands ist in der griechischen Mythologie der Wohnort der zwölf olympischen Götter. Doch Zeus und seine Familie wollen wir nicht besuchen. Wir verlassen in Limani Litochorou die Autobahn und folgen einer schmalen Landstraße. Am Fuß der Berge hinter Dion zweigt eine steinige Piste ab, die in ein breites Bachtal führt. Wir holpern weiter, bis sich unter Bäumen eine traumhaft schöne Stelle am Bachlauf auftut. Wir parken unseren Bus unter den Ästen einer Platane und packen unsere Hängematte aus, dann gehen wir zu einem kleinen Badegumpen. Es duftet nach wildem Thymian und rundherum wachsen Bergminze und Zitronenmelisse. Was für ein Traumspot! Hier gefällt es uns so gut, dass wir zwei Nächte bleiben.

Unser Traumspot am Bach
GPS: 40.155476, 22.445095

Oben links: Lefkos Pyrgos, der Weiße Turm war einst ein Gefängnis.
Oben rechts: Die Umbrellas des Bildhauers Giorgos Zongolopoulos sind ein modernes Wahrzeichen der Stadt.
Unten: Die Ekklisia Agios Pavlos ist von einem malerischen Garten umgeben.

Als wir wieder aufbrechen, fahren wir ein Stück zurück nach Norden und biegen auf die 13 in die Berge ab. Unser Bus schnauft die steilen Serpentinen hinauf, dann queren wir die waldigen Berge des Olymps. Es geht wieder ins Tal, und in Elassona biegen wir auf die Straße 26 ab. Hier ist die Landschaft flacher, und Buschwald wechselt sich mit Feldern ab. Die Landstraße 15 bringt uns ins breite Tal des Flusses Pinios. Dem folgen wir auf der E92, und bald kommt unser Ziel in Sicht: die Sandsteinfelsen von Metéora.

Die Felsenklöster von Metéora

Je näher wir kommen, umso mächtiger ragen die 6 **Metéora-Felsen** auf. So was haben wir noch nie gesehen. Wie gigantische graue Zähne steht das glattgewaschene Gestein in der Landschaft, und das Städtchen Kalambaka kauert sich darunter. Doch das ist nicht das Spektakulärste: Auf manchen Spitzen der senkrecht aufragenden Pfeiler sind in schwindelerregender Höhe Häuser gebaut, die über der Landschaft zu schweben scheinen. Ab dem 11. Jahrhundert haben orthodoxe Mönche 24 Klöster in so aberwitziger Lage auf den Klippen errichtet, dass wir uns fragen, wie das überhaupt möglich war. Als Bleibe suchen wir uns auf dem Campingplatz Vrachos im Dörfchen Kastraki einen schattigen Platz in der Nähe des Pools. Dann stromern wir eine Weile durch das hübsche Dorf und machen es uns abends auf der Terrasse des Campingplatzrestaurants gemütlich.

Camping Vrachos
Kastraki, Kalambaka 422 00,
Tel. +30 243 2022293, campingkastraki.com/de
GPS: 39.713247, 21.615421

Am nächsten Tag nehmen wir nicht den Linienbus, sondern quälen unseren Bus die steile Serpentinenstraße zu den Klöstern hoch. Wir haben Glück und ergattern einen der raren Parkplätze vor dem Kloster Varlaám (39.726239, 21.631481). Der Blick auf die Felsenlandschaft und die Klöster ist einzigartig. Sechs der Klöster sind heute noch bewohnt und können besichtigt werden. So starten wir zu Fuß zur Klosterrunde. Jedes Kloster hat seinen ganz besonderen Reiz. Am allerbesten gefällt uns das winzige Frauenkloster Rousánou mit seinem kleinen Innenhof voller Blumen.

Metéora-Klöster
Die ganze Geschichte dieser besonderen Klöster könnt ihr ausführlich hier nachlesen:
de.wikipedia.org/wiki/Meteora

Oben: Unser Traumplatz zu Füßen des Olymps
Unten links: Oberhalb der Straße findet sich dort ein wunderschöner Badegumpen.
Unten rechts: Die Felsenklöster von Metéora sind weltberühmt.

Silberschmuck und Süßes in Ioannina

Nach unserer Klostertour rollen wir mit dem Bus zurück ins Tal und folgen der Straße nach Westen. Die schlängelt sich durch ein hübsches Tal, und dann fahren wir auf die Autobahn E92. Bestens ausgebaut, führt sie durch diverse kilometerlange Tunnel unter den Bergen des Pindos-Gebirges hindurch. Nach jedem Tunnel staunen wir aufs Neue über die schroffen Felsen und schmucken Dörfchen dazwischen. Nach einem letzten Riesentunnel sehen wir in der weiten Ebene unter uns den Pamvotida-See, an dessen Ufer das kleine Städtchen 7 **Ioannina** liegt.

Wir fahren um den See herum und parken in der Innenstadt (39.665499, 20.854783). Als Erstes schlendern wir zum Uhrenturm und durch die hübschen Gassen voller Schmuckgeschäfte. Das Silberschmiedehandwerk hat hier eine lange Tradition, und natürlich nehmen wir uns ein Andenken mit. An der Seepromenade reihen sich Cafés und Restaurants unter großen Bäumen, am Ufer liegen Ausflugsschiffe, und vor der Festung warten weiße Pferdekutschen auf Passagiere. Das Städtchen ist hübsch und angenehm entspannt. Hier ließe es sich ganz bestimmt länger aushalten. In einer Konditorei plündern wir die Baklava-Theke und nehmen uns noch ein absolut köstliches Eis mit, das wir auf dem Spaziergang um die Festungsmauern am See entlang verspeisen. Dann geht es zurück zu unserem Bus und auf der 20 weiter nach Norden.

Konditorei Nousias
Geor. Soutsou 7, Ioannina 454 44
GPS: 39.670603, 20.857575

Treppauf zum Vikos-Canyon

In Karies (das heißt wirklich so) weist ein unscheinbares Schild zur Vikos-Schlucht. Wir biegen ab und fahren langsam höher. Mit jedem Meter wird die Weitsicht schöner, dann biegt die Straße in die Berge ab und schraubt sich in steilen Kehren durch die spektakuläre Landschaft des Pindos-Gebirges. Die Aussicht ist der Wahnsinn. An der steinernen Bogenbrücke von Kokkoris (39.862295, 20.775188) machen wir eine Pause, anschließend geht es weiter nach Kapesovo. Etwas außerhalb des Dorfes schlagen wir an der Straße unser Lager auf.

Unser Übernachtungsplatz nahe Kapesovo
GPS: 39.891978, 20.789805

Oben links: Honigsüßes Baklava in Ioannina
Oben rechts: Die steinerne Bogenbrücke von Kokkoris
Unten: Ein Cafè in in der Altstadt von Ioannina

HOTEL
ΕΛΠΙΣ

Gegenüber können wir die **Skala Vradetou** sehen: Diese Steintreppen schlängeln sich in irren Kehren den steilen Canyon hinauf ins Dörfchen Vradeto. Das liegt so abgeschieden, dass es lange nur über diese Treppenstufen erreichbar war. Erst 1973 wurde eine Straße ins Dorf gebaut. In der Nacht gewittert es heftig, aber am Morgen hat sich der Regen verzogen. Wir steigen zu den Vradeto-Treppen ab und diese hoch. Sie führen so steil bergauf, dass uns bis zum Dorf fast die Puste ausgeht. Hinter dem süßen Örtchen geht es eine Schotterstraße entlang, dann schlängelt sich der Weg durch ein mediterranes Hochplateau voller wilder Mirabellenbäume. Schließlich erreichen wir die Beloi-Aussicht (39.90542, 20.76593). Unter uns öffnet sich die 8 **Vikos-Schlucht** und trifft mit der Megas-Lakkos-Schlucht zusammen. Das Guinnessbuch der Rekorde behauptet, Vikos sei die tiefste Schlucht der Welt. Ob das stimmt, sei dahingestellt, aber eins ist klar: Der Anblick ist überwältigend.

Leider haben wir zum Genießen kaum Zeit. Über uns zieht sich ein Gewitter zusammen, und es donnert schon bedrohlich. Als Wanderer wollen wir das lieber nicht auf diesem Hochplateau erleben, deshalb nehmen wir die Beine in die Hand. Der Rückweg zur Schotterstraße dauert so nur halb so lange, und als dort ein Auto vorbeifährt, strecken wir kurzerhand den Daumen raus. Und es hält prompt an. Darin sitzt ein junges Paar aus Freiburg mit ihrer kleinen Tochter. Die drei haben Erbarmen und geben uns einen Lift über die Serpentinenstraße zurück. Dank ihrer Hilfe schaffen wir es noch vor dem Regen zum Bus. Und damit endet unser letztes Abenteuer in Griechenland ohne nasse Klamotten. Wir fahren trocken zurück ins Tal zur E853, in Kalpaki auf die Straße 20 und biegen in den Bergen auf die Landstraße 3332 ab. Die führt uns hoch über dem Aoos-Tal zur Grenzstation hinter Konitsa (40.071511, 20.603323).

Oben: Unser Schlafplatz an den Skala Vradetou
Unten: Atemberaubender Blick von der Beloi-Aussicht in die Vikos-Schlucht

Tourenvariante

Wer direkt in Albaniens Süden und nicht zu den heißen Quellen von Bënjë möchte, kann auf der E853 bleiben und die Grenze bei Kakavija (39.911556, 20.362240) queren. Das erspart viele Kilometer Rumpelpiste durch das Tal der Vjosë.

Wandertipps

Unsere Wanderung zur Beloi-Aussicht: alltrails.com/de/greece/epirus--3/vradeto. Zu einem anderen bekannten Aussichtspunkt könnt ihr mit dem Auto fahren. An der Oxia-Aussicht (39.90667, 20.75278) ist allerdings genau deshalb meist viel los. Noch mehr Wandertipps für die Gegend findet ihr unter de.wikivoyage.org/wiki/Zagori

Reiseinfos zu Nordgriechenland

Währung Euro

Zeitverschiebung
1 Stunde, OEZ/OESZ (MEZ+1/MESZ+1)

Notrufnummern Euro-Notruf 112

Einreiseregeln/Wichtige Reisedokumente
Grenzkontrollen entfallen nur bei Einreise über Schengen-Länder (z. B. per Fähre von Italien). Für deutsche Staatsbürger gelten Reisepass oder Personalausweis. Führerschein und Fahrzeugschein sind notwendig. Die Grüne Versicherungskarte ist nicht nötig.

Internet/Netzabdeckung/ Netzgeschwindigkeit
Als EU-Mitglied gilt in Griechenland kostenloses Roaming. Die Netzabdeckung ist sehr gut. Im Gebirge und an bergigen Felsküsten können Funklöcher vorkommen. Wir hatten fast überall mindestens 4G-Geschwindigkeit.

Freies Übernachten
Freies Campen ist verboten, wird aber häufig toleriert. In Naturschutzgebieten und an Touristenstränden wird in der Hauptsaison regelmäßig kontrolliert, und es können drastische Strafen bis 3000 Euro fällig werden. Die stetig steigende Zahl von Wohnmobiltouristen führt auch in Griechenland dazu, dass sich Einheimische von Wildcampern zunehmend gestört fühlen. Wir haben daher Touristengegenden gemieden und uns möglichst rücksichtsvoll verhalten. So hatten wir keinerlei Probleme.

Camping-Infrastruktur
Als klassisches Sommer-Urlaubsland lässt Griechenland für Camper keinerlei Wünsche offen. Es ist für jeden Geschmack und Geldbeutel etwas dabei. Manchmal sind die Plätze schon älter und etwas renovierungsbedürftig. Auf Campingplätzen mit Traumlagen geht es oft sehr eng zu, und es können keine Einzelnächte gebucht werden. Gasflaschen können zwar nicht getauscht, aber problemlos befüllt werden. Adapter sollten vorhanden sein.

Trinkwasserqualität
Leitungswasser ist in Griechenland meist bedenkenlos trinkbar. Im Zweifel solltet ihr Einheimische fragen.

Tempolimits/Lichtpflicht/Straßenqualität
Innerorts gilt Tempolimit 50, außerorts 90 (110, wenn ausgeschildert), auf Autobahnen 130 km/h. Licht muss tagsüber nur bei schlechter Sicht eingeschaltet werden. Autobahnen und Fernstraßen sind hervorragend ausgebaut. Nebenstrecken sind meist in etwas schlechterem Zustand.

Straßenmaut
Die meisten Autobahnen in Griechenland sind mautpflichtig. Bezahlt wird an Mautstationen vor oder innerhalb der Mautstrecken. Genaue Infos findet ihr unter adac.de/reise-freizeit/maut-vignette/griechenland

Reisewortschatz – die Basics

Deutsch	Griechisch (Elliniká)
Hallo	Geiá sou
Tschüss	Antío sas
Guten Tag!	Kalí méra
Auf Wiedersehen!	Sto epaneidín
Ja / Nein	Nai/Óchi
Ja bitte / Nein danke	Nai parakaló/Óchi efcharistó
Danke	Efcharistó
Bitte	Oríste
Entschuldigung	Me synchoreís
Sehr gut!	Polý kalá!
Ich heiße …	To ónomá mou eínai …
Wie heißt du?	Pos se léne?
Prost!	Jámas!
Darf ich Englisch/Deutsch mit dir sprechen?	Oró na sas milíso sta Angliká/Germaniká?
Ich brauche Hilfe.	Chreiázomai voítheiá sou.

Streckenlänge
1050 Kilometer

Empfohlener Aufenthalt
14 bis 21 Tage

Highlights
Thermalquellen von Bënjë, Syri i Kaltër, Tirana, Berat, Gjirokastra, Ruinenstadt Butrint, Albanische Riviera, Albanische Alpen

ETAPPE 9

ALBANIEN

Albanien

HEISSE QUELLEN, VERWUNSCHENE BERGE
UND EINE STADT MIT 1000 FENSTERN

Republika e Shqipërisë, die Republik Albanien, ist ein Land im Aufbruch. Es ist etwas kleiner als Brandenburg, aber nicht so flach: Zwei Drittel von Albanien bestehen aus Hügeln und Bergen. Ganz im Norden enden die Dinariden als Hochgebirge der Albanischen Alpen. Nach Süden erstrecken sich das zentrale und das südliche Bergland bis nach Griechenland. Die Adriaküste ist eine flache Schwemmlandebene, und der ionische Küstenteil ist wieder bergig – hier ziehen sich Felsen bis zum Meer.

Das Gebiet wurde von Illyrern besiedelt und geriet wie seine Nachbarländer unter den wechselnden Einfluss aller Großreiche des Mittelmeerraumes. Auch von den Osmanen wurde es erobert, die über Jahrhunderte herrschten. In all diese Entwicklungen waren die Bergvölker der Gegët in Albaniens unzugänglichen Bergen kaum involviert: Sie lebten bis ins 20. Jahrhundert eine archaische Stammeskultur. Die Toskët im Süden ließen sich mehr auf die osmanische Kultur ein, lebten aber in quasifeudaler Abhängigkeit und wurden an der Entwicklung einer nationalen Identität gehindert. Gegen Ende des 19. Jahrhunderts gab es in Albanien weder Schulen in albanischer Sprache noch eine gemeinsame albanische Schrift. Erst mit der Bewegung der Rilindja Kombëtare, der »nationalen Wiedergeburt«, änderte sich das langsam. 1912 erklärte Albanien seine Unabhängigkeit vom Osmanischen Reich, versank aber sofort im Chaos des Ersten Weltkriegs. Auch das Kriegsende und die Jahre danach brachten keinen Frieden. Im Zweiten Weltkrieg besetzten Italien und später Deutschland das Land.

Im Jahr 1944 übernahm der Führer der Kommunistischen Partei, Enver Hoxha, die Macht. Er errichtete eine Diktatur stalinistischer Prägung und industrialisierte das Land. Doch in den folgenden Jahren überwarf sich Hoxha mit immer mehr Ländern, bis Albanien politisch völlig isoliert war. Aus Furcht vor ausländischen Angriffen ließ er 750 000 Bunker bauen, was dem Land dringend benötigte Ressourcen entzog. Als die kommunistische

Die Steinbrücke Ura e Kadiut führt zu den Thermalquellen Llixhat e Bënjës.

Diktatur 1990 endete, kam es zu einem gewaltigen Exodus der Bevölkerung. Dennoch begann ein langsamer wirtschaftlicher Aufschwung. Da es keine funktionierenden Banken gab, investierten die Menschen in private Lotterien, die sich jedoch als betrügerische Schneeballsysteme erwiesen. Weite Teile der Bevölkerung verloren dabei ihre gesamte Habe. Der Zorn der Menschen entlud sich im Lotterieaufstand, der 1997 die öffentliche Ordnung im gesamten Land zusammenbrechen ließ. Erst durch Intervention von UN-Truppen wurde sie wiederhergestellt. Es folgten Neuwahlen und seitdem ein erneuter langsamer Aufschwung. Seit 2009 ist Albanien NATO-Mitglied, und 2022 starteten offiziell die Beitrittsverhandlungen mit der EU.

Albanien gehört noch heute zu den ärmsten Ländern Europas und hat mit Korruption, Vetternwirtschaft und organisierter Kriminalität zu kämpfen. Doch es geht aufwärts – das lässt sich vor allem an den vielen Bauprojekten entlang der Küsten und in der Hauptstadt sehen. Tourismus ist Albaniens größter wirtschaftlicher Hoffnungsträger. Neben den Badeorten an der Albanischen Riviera und der Bucht von Vlora, wo neben Albanern viele Touristen aus den Nachbarländern Urlaub machen, wird der internationale Wandertourismus in den Albanischen Alpen immer wichtiger. Wer die wilde Schönheit dieser Berge je gesehen hat, der weiß, warum. Doch auch das zentrale Bergland im Landesinneren ist traumhaft und vom Tourismus noch weitgehend unberührt. Hier gibt es fast unerschlossene Nationalparks, in denen seltene Tiere leben, die anderswo längst keinen Lebensraum mehr haben. Wer sich als Individualtourist aus Albaniens (oft etwas langweiliger) Ebene in die Berge traut, muss sich zwar über manchmal wirklich üble Pisten quälen, aber erlebt dafür ein unvergesslich ursprüngliches Land, das für manche Reisende durchaus Suchtpotenzial haben kann.

Hinzu kommt die typisch albanische Herzlichkeit, die wir auch in den Touristengebieten nie als aufgesetzt oder aufdringlich erlebt haben. Selbst Geschäfte werden mit einem ehrlichen Lächeln quittiert. Und wenn auch oft eine Sprachbarriere herrscht, lässt sich davon kaum jemand stören. Wir haben uns in diesem Land sehr willkommen gefühlt und werden ganz sicher wiederkommen. Dann würden wir wohl die Küste auslassen, die wir in Griechenland viel ursprünglicher fanden, und direkt in Albaniens Berge fahren.

Durch das wilde Tal der Vjosë

Hinter dem kleinen Grenzübergang in Konitsa führt die Straße SH80 von hohen Bergen gesäumt durch das breite Vjosë-Flusstal. In Çarshovë wechseln wir auf die einspurige SH75, die in die Berge führt. Die kurvige Fahrt

Im Lengarica-Canyon hinter den Thermalquellen von Bënjë

Alma
Souvenir
MAGNETS
SILVER 925

auf der schmalen, schlechten Piste ist vor allem bei Gegenverkehr ziemlich abenteuerlich, doch die grüne Berglandschaft entschädigt dafür umso mehr. Bald sind die Kurven vorbei, und wir blicken von weit oben auf die Mäander der Vjosë. So sieht also einer der letzten größeren naturbelassenen Flüsse Europas aus. Im Tal wird die Straße zwar nicht breiter, aber das Fahren ohne Kurven entspannter. Hinter Petran überqueren wir den Zufluss der Lengarica auf einer Brücke, die kaum breiter ist als unser Bus.

An den heißen Quellen von Bënjë

Hinter Petran weist ein unscheinbares Schild nach Bënjë und zu den berühmten Thermalquellen 1 **Llixhat e Bënjës** (40.243484, 20.430691). Wir biegen ab und fahren am Fluss entlang zum Parkplatz. Von Weitem können wir den Bogen der **Ura e Kadiut** sehen, und kurz darauf stehen wir auf dem Zenit der Steinbrücke aus osmanischer Zeit. Dahinter liegen die heißen Quellen, an denen recht wenig los ist. Wir haben unsere Badesachen schon dabei und lassen uns in einem der Becken nieder. Das Wasser ist mit circa 30 °C richtig angenehm. Hier verbringen wir den Abend und suchen uns später für die Nacht eine abgelegene Stelle für den Bus am Kiesbett der Lengarica.

Im Qafa e Pazarit, dem alten Basar von Gjirokastra

Unser Übernachtungsplatz am Fluss
GPS: 40.232539, 20.422709

Bevor wir am nächsten Tag weiterfahren, geht es noch mal zu den Quellen zurück. Diesmal erkunden wir zu Fuß die Flusslandschaft des Canyons hinter der Bogenbrücke. Dort gibt es noch mehr heiße Quellen, und kleine Becken laden zum Baden ein. Je tiefer wir in die Schlucht hineinlaufen, desto schmaler wird sie. Weiter hinten ragen senkrechte Felsen 100 Meter empor. Irgendwann würden wir nur noch schwimmend weiterkommen, und so machen wir uns auf den Rückweg.

Zu Fuß um die Schlucht
Wer die Schlucht noch weiter erkunden will, kann sie zu Fuß umrunden: outdooractive.com/de/route/wanderung/albanien/lengarica-schlucht-region-permet-/63490724

Unser Bus bringt uns zur SH75 zurück, der wir weiter durch das Tal der Vjosë folgen. Sie führt immer am Fluss entlang durch hübsche Wiesenlandschaft zwischen schroffen Bergen. Die rücken immer näher, und bei Dragot überqueren wir die Vjosë auf einer großen Eisenbrücke. Kurz darauf weitet sich das Tal zum Drino-Mündungsdelta. Wir biegen auf die SH4 ab und folgen dem Drino flussaufwärs. Am schroffen Kamm des Nemërçka-Gebirges entlang geht es jetzt nach Süden, und mit jedem Meter wird das Tal breiter. Als wir Gjirokastra erreichen, ist daraus eine weite Ebene geworden.

In Gjirokastra, der Stadt der Steine

In der Ebene schmiegt sich 2 **Gjirokastra** an die flachen Hänge des Gebirges Mali i Gjerë. Sie heißt auch »Stadt der Steine«, denn die Dächer der Häuser in der Altstadt sind nicht mit Ziegeln, sondern mit Steinplatten aus dem Gebirge gedeckt. Über dem alten Stadtkern zieht sich die schlanke Felsenburg **Kalaja e Gjirokastrës** eine Klippe entlang. Wir besorgen uns in einem Laden am Kreisel der SH4 noch schnell eine Prepaid-Karte, dann fahren wir hoch zur Burg. Von unserem Parkplatz (40.07709, 20.14443) aus können wir zum **Qafa e Pazarit** laufen, dem alten Basar.

Das hübsch restaurierte Viertel und die Altstadt sind UNESCO-Weltkulturerbe. Hier ist ganz schön viel los, zwischen Restaurants, Souvenir- und Kleiderläden schlendern Touristen aus aller Welt. Auch wir stromern durch die Gassen und bewundern die schönen Häuser im osmanischen Balkan-Baustil. Dann machen wir uns auf den Weg zur Festung. Auf den Klippen der Burg siedelten schon Steinzeitmenschen, und in den Jahrtausenden danach entstand dort eine Burg, die immer wieder erweitert wurde. Ihre heutige Gestalt erhielt sie von den Osmanen. Lange wurden die Keller als Gefängnis genutzt, heute sind dort mehrere Museen untergebracht. Vom Uhrturm am Ostende der Mauern können wir die ganze Drino-Ebene überblicken. Wir genießen die Aussicht, bevor wir zurück zum Auto gehen.

Die SH4 bringt uns weiter nach Süden, dann biegen wir vor Jorgucat in die Berge ab. Die Straße führt in engen Serpentinen zum Pass hinauf, und bevor wir in Muzinë die alte Piste nach Saranda nehmen, müssen wir noch eine Schildkröte retten, die ziemlich langsam die Straße quert. Wir rumpeln am Bergkamm entlang, und kurz bevor es wieder runter ins Tal geht, biegen wir auf einen kleinen Hügel ab. Hier steht zwar ein Strommast, aber vom Hügel können wir rundum über die Berge Albaniens bis zur Insel Korfu blicken. Beim Abendessen genießen wir einen grandiosen Sonnenuntergang, der den Himmel später in einen pastellenen Traum verwandelt.

Unser Übernachtungsplatz mit Aussicht
GPS: 39.93824, 20.17005

Oben links: Gjirokastras Altstadt ist hübsch restauriert.
Oben rechts: Abendessen mit Korfu-Blick
Unten: Unser Übernachtungsplatz in den Bergen des Mali i Gjerë

Furre Druri
E Premtos
1720

Touristenrummel am Blauen Auge

Von unserem schönen Aussichtspunkt fahren wir am Vormittag zum Abzweig in Muzinë zurück. Von dort schlängelt sich die SH99 in engen Kehren hinab zu Albaniens vielleicht bekanntester Sehenswürdigkeit. 3 **Syri i Kaltër** (39.916820, 20.181685), das Blaue Auge, ist eine Karstquelle, deren kristallklares Wasser einen kleinen, leuchtend blauen See gebildet hat. Der Parkplatz wird gerade umgebaut und ist brechend voll mit Autos. Auch die Straße zum Eingang des Naturparks ist zugeparkt – wenig schlau von uns, hier erst gegen Mittag aufzukreuzen. Wir finden aber dennoch eine Nische für den Bus und machen uns zu Fuß zur Quelle auf.

Der Weg dorthin ist als breite Straße ausgebaut, selbst einen Fahrradstreifen gibt es. Darauf zischen Touristen mit Elektrorollern, die man am Eingang mieten kann, alle anderen gehen zu Fuß. Die Quelle liegt malerisch in einem engen grünen Tal und leuchtet wirklich so blau wie auf den Bildern auf Instagram. Bloß ist hier auch entsprechend viel los. Neuerdings ist das Baden im Quelltopf verboten und ein Wächter mit Trillerpfeife pfeift alle Selfie-Jäger an, die es trotzdem versuchen. Wir schauen dem bunten Treiben eine Weile zu und denken dabei etwas wehmütig an das einsame Auge des Grashüpfers in Montenegros Bergen. Zum Blauen Auge Albaniens würden wir zwar noch einmal fahren, aber nur zu anderer Uhrzeit und außerhalb der Hochsaison.

Touristenrummel und Insta-Posing am Syri i Kaltër

Kurzer Stopp in Saranda

Weiter geht es durch die letzten Ausläufer des Mali i Gjerë Richtung Küste. Wir durchqueren eine weite Ebene und fahren in die Hügel vor Saranda. Dahinter können wir zwischen den Häusern das Türkis des Ionischen Meeres sehen, die Albanische Riviera. In Saranda ergattern wir einen raren Parkplatz an der Straße (39.872330, 20.014908) und gehen hinunter zur Promenade. Hier reiht sich Hotel an Hotel, und es gibt von der Strandbar bis zum Riesenrad alles, was die Herzen der Strandurlauber begehren. Wir belassen es bei einem kurzen Spaziergang am Stadtstrand, dann kehren wir zurück zum Bus.

Die Straße SH81 führt am Butrintsee entlang nach Süden. Im Küstendorf Ksamil lässt sich gut erkennen, wie sehr der Tourismus an Albaniens Küste boomt: Entlang der Straße stehen brandneue Hotels und Bungalows, und dazwischen wird fleißig gebaut. Hinter dem Ortsausgangsschild wird es ruhiger. Wir fahren durch grüne Hügel zum Vivar-Kanal hinab. Der verbindet die Salzwasserlagune des Butrintsees mit dem Meer, und auf einer kleinen Halbinsel an seinem Ufer liegen die Ruinen der antiken Stadt Butrint.

In den Ruinen von Butrint

Vor 2500 Jahren war 4 **Butrint** (39.743865, 20.018982) eine wichtige Metropole der Region. Im Laufe der Stadtgeschichte hinterließen zahlreiche Kulturen ihre Spuren. Wir parken vor dem Eingang und spazieren durch den schattigen Wald über die Halbinsel. Hinter jedem Baum entdecken wir neue Ruinen. Ein griechisches Theater, Tempel, eine Therme und die Reste eines Aquäduktes. Römische Villen, eine Basilika und ein Kastell der Venezianer. Wir bewundern Säulenreste und prächtige Mosaike. Wie prunkvoll die Stadt einst ausgesehen haben muss! Im Kastell auf der Akropolis ist heute ein Museum, in dem archäologische Funde der verschiedenen Epochen ausgestellt sind. Als wir uns schließlich von Butrint verabschieden, ist es schon Nachmittag.

Die Strände der Albanischen Riviera

Eine kleine Autofähre bringt uns über den Vivar-Kanal, dann fahren wir auf der Straße SH98 zurück nach Norden. Das ist zwar ein Umweg, erspart uns aber, die gleiche Strecke zurückzufahren, die wir gekommen sind. Diesmal rollen wir an Saranda vorbei und biegen auf die Küstenstraße SH8. Die führt in endlosen Kurven durch hügeliges Bergland nach Norden. Im Dörfchen Sasaj biegen wir auf eine kleine Straße ab, die zum **Plazhi i Bunecit** führt. Zwischen zwei Restaurants werden dort Parkplätze direkt über dem Strand vermietet, es gibt frisches Wasser, Toiletten und sogar Duschen. Am Strand ist nicht viel los, und obwohl der Platz recht öffentlich ist, fühlen wir uns sofort heimisch. Den Sonnenuntergang genießen wir auf der Terrasse des benachbarten Restaurants bei frischem Fisch und Meeresfrüchten. Es gefällt uns hier so sehr, dass wir sogar zwei Nächte bleiben.

Summer BonBon
Tel. +355 69 5636663, GPS: 40.00642, 19.89067
MEMA Restorant
Tel. +355 69 5415236, GPS: 40.007050, 19.889617

Auf dem Weiterweg nach Norden führt die Küstenstraße immer wieder an Stränden mit kleinen und großen Campingplätzen entlang, wo es sich bestimmt ganz entspannt aushalten lässt. Wir könnten hier sicher Wochen verbringen, um uns alle anzuschauen. Doch auch hier wird viel gebaut. Als wir in Borsh einen Strand besuchen, an dem wir drei Jahre zuvor wild kampiert haben, reihen sich dort nun Bungalows. Wir fahren daher weiter und enden schließlich am Strand **Plazhi i Livadhit** im Touristenörtchen Himarë. Beim Camping Kranea ist deutlich mehr los als an

Oben: Der Stadtstrand von Ksamil
Unten: In der Ruinenstadt Butrint

unserem vorherigen Platz, aber dafür sind die Parzellen unter Oleander- und Olivenbäumen wirklich hübsch. Es findet sich sogar ein Platz für unsere Hängematte.

Camping Kranea
Rruga Livadh, Himarë 9425, camping-kranea.com, Tel. +355 67 3122122
GPS: 40.107439, 19.726993

Am nächsten Morgen setzen wir unsere Reise fort. In den Serpentinen kurz vor dem Dörfchen Ilias biegen wir auf eine schmale Straße ab. Von einem Parkplatz (40.13275, 19.67206) unter Olivenbäumen geht dort ein Wanderweg zum **Plazhi i Gjipesë**, dem Strand von Gjipe. Dahin führt auch eine 4×4-Piste, doch die ist so schlecht, dass wir sie unserem Bus nicht antun wollen. Vom Wanderweg haben wir tolle Blicke in den Gjipe-Canyon, aber der hübsche Strand ist ziemlich voll. Ein paar Jahre zuvor war er noch ein Geheimtipp – auch so was ändert sich in Albanien schnell. Wir erkunden noch den Canyon, in dem wir ganz alleine sind, dann geht es zurück.

Oben links: In der Schlucht von Gjipe finden sich ein paar Kletter-Routen.
Oben rechts: Unser Fischrestaurant am Strand Plazhi i Bunecit
Unten: Ein paar Jahre zuvor galt der Stand von Gjipe noch als Geheimtipp. Diese Zeiten sind vorbei.

Über den Llogara-Pass

Unser Bus hat nun richtig Arbeit vor sich, denn wir müssen den 5 **Qafa Llogara** (40.191412, 19.612548) überqueren, den Llogara-Pass. Von Meeresniveau schraubt sich hier die SH8 so steil auf 1027 Meter hoch, dass wir im ersten Gang fahren. Vor der letzten Kehre machen wir an einem alten Bunker halt und genießen den atemberaubenden Weitblick. Dann geht es über den Pass – und plötzlich verschwinden wir im Nebel. Denn auf der anderen Seite ändert sich die Landschaft völlig. Während wir auf der Südseite durch trockenes, mediterranes Buschland gefahren sind, wächst hier im Norden dichter Wald, durch den sich Nebelschwaden ziehen. Der Bergwald aus Pinien, Kiefern und Tannen ist als Nationalpark Llogara geschützt. Als wir in engen Serpentinen wieder bergab fahren, sehen wir unten eine Tunnelbaustelle. Irgendwann wird die Küstenstraße also ohne dieses spektakuläre Hindernis auskommen.

In der Bucht von Vlora

Plötzlich taucht zwischen den Bäumen wieder das Meer auf, doch ab hier heißt es anders: In der Bucht von Vlora an der Straße von Otranto endet das Ionische Meer und beginnt die Adria. Die gesamte Bucht ist ein beliebtes Touristengebiet, und an den zahlreichen Stränden reihen sich die Sonnenschirme. Auch an Vloras endlos langer Palmenpromenade herrscht zwischen Strand und Hotels Hochbetrieb. Hinter Vlora führt die Straße schließlich durch einen Wald und auf eine Landzunge zwischen Meer und der Lagune von Narta. Die Piste ist äußerst holperig und endet am Strand **Plazh Dalan**. Und der entschädigt für die fünf Kilometer lange Schaukelei. Hier zieht sich ein flacher Sandstrand in weitem Bogen zwischen Sandsteinklippen hin. In den flachen Wiesendünen stehen schon einige Camper, doch es ist noch Platz für uns. Der Spot ist wirklich traumhaft, allerdings bei Wildcampern auch sehr beliebt. Uns gefällt es dort dennoch so gut, dass wir zwei Nächte bleiben.

Unser Übernachtungsplatz in den Dünen
GPS: 40.5220650, 19.388187
Bitte nur mit Toilette an Bord anfahren. Die Sandpassagen nur mit 4×4!

Vom schönen Dünenplatz fahren wir schließlich über die Holperpiste wieder zurück nach Vlora. Die Küstenstraße ist ab dort zur Autobahn A2 ausgebaut, und die Fahrt nach Norden geht flott. In Levan biegen wir auf die Landstraße SH8 nach Fier ab und folgen dort der SH73, die über ein paar Hügel ins Tal des Flusses Osum führt. Hier verläuft die SH72 flussaufwärts, und bald rollen wir durch die Vorstadtsiedlungen von Berat.

Die Stadt der tausend Fenster

Bis sich 6 **Berat** von seiner schönsten Seite präsentiert, müssen wir die halbe Stadt durchqueren. Am Fluss finden wir einen Parkplatz (40.704254, 19.947188) und gehen auf einer Fußgängerbrücke über den Osum. Von da haben wir einen tollen Blick auf das alte Stadtviertel **Mangalem**, dessen weiße Häuser sich an den Felsen unter der Burg von Berat schmiegen. Und hier verstehen wir sofort, weshalb Berat den Beinamen »Stadt der tausend Fenster« trägt. Wir schlendern durch die Altstadt bis zur **Xhamia e Beqarëve**, der Junggesellenmoschee.

Nach dem kurzen Stadtspaziergang fahren wir mit unserem Bus über die Neustadt auf den Burgberg und zur **Kalaja e Beratit**, der Burg von Berat. Nur ein paar Schritte vom Eingang der Festung kann man im Garten der Taverna Lazaro im Campervan übernachten. Wir checken ein und spazieren zur Burg hinauf. Innerhalb der Festungsmauern drängen sich kleine Stein- und Fachwerkhäuser, alte Kirchen und Moscheen zum Burgviertel **Kalaja** zusammen. Wir gelangen durch die pittoresken Gassen zu den Ruinen der alten Festung. Den Abend verbringen wir im Garten der Taverne und probieren uns durch die Speisekarte.

Oben: Traumspot am Plazh Dalan
Unten: Photobombing durch verwirrte Touristen in Berat

Real Estate
SHITET
Pasticeri Tori

Taverna Lazaro
Rruga Mihal Komnena, Berat,
Tel. +355 69 5703778
GPS: 40.712084, 19.946278

Osum-Schlucht
Von Berat schlängelt sich die SH72 60 Kilometer weiter am Fluss entlang zum Aussichtspunkt des Kanionet e Osumit, der Osum-Schlucht (40.480108, 20.2503459). Dort waren wir auf einer früheren Albanienreise und hatten einen traumhaft schönen Übernachtungsplatz am Blezënckë-Canyon (40.46107, 20.26262).

Am nächsten Morgen geht es zurück ins Tal des Osum und auf der SH72 durch eine breite Schwemmlandebene 100 entspannte Kilometer Autobahn nach Durrës. Danach biegen wir auf die Autobahn SH2 ab, die durch die Hügel Kodra e Gjatë nach Vora führt.

Noch vor den Hügeln ließe sich ein Abstecher ans Kap Rodon unternehmen. Dafür zweigt ihr in Maminas von der SH2 zum **Kepi i Rodonit** ab. Hinter dem Strand Gjiri i Lalëzit führt eine sehr schlechte Asphaltpiste durch die Berge zum Eingang des Nationalparks. Aktuell ist der Wanderweg zum Kap allerdings häufig mit einem Gittertor verschlossen. Wenn man Pech hat, lassen sich dann zwar die hübsch restaurierte Antonius-Kirche (41.580513, 19.454021) und

Der Strand am Kepi i Rodonit (41. 56511,19. 46118) ist leider sehr vermüllt.

auch die alten Bunker am Strand des ehemaligen Militärhafens besichtigen, doch mehr nicht. Bei unserem Besuch drei Jahre zuvor hingegen empfanden wir die Wanderung zum Kap mit seiner alten Festung **Kalaja e Rodonit** (41.585665, 19.448159) als Highlight des Ausflugs. Der Wanderweg führt an einer alten Bunkeranlage oberhalb einer Steilküste entlang, an der Hunderte Seevögel nisten. Fast am Ende eines Kammwegs über die malerische Landspitze finden sich die vom Meer umspülten Ruinen der Festung. Niemand konnte uns sagen, wann das Gittertor geöffnet, und wann geschlossen ist, und so bleibt wohl nur, es auszuprobieren.

Auf der SH2 begleiten uns die letzten Hügelausläufer, dann verlassen wir in Vora die Autobahn und fahren zum Stausee **Liqeni i Kusit**. Das abschließende Stück ist holperiger Feldweg, doch schließlich haben wir unser heutiges Etappenziel erreicht: den Campingplatz Tirana. Der schattige Familienplatz liegt mitten zwischen den Feldern und bietet alles, was das Camperherz begehrt. Selbst die Fahrt per Taxi nach Tirana kann problemlos organisiert werden.

Camping Tirana
Rruga e Purrezit, Liqeni i Kusit,
Tel. +355 68 2242342, campingtirana.al
GPS: 41.338080, 19.706855

Albaniens Hauptstadt Tirana

Wir rollen auf der SH2 nach 7 **Tirana**. Je näher wir der Innenstadt kommen, desto chaotischer wird der Verkehr. Wir sind froh, als wir unseren bewachten Parkplatz (41.327451, 19.828819) erreichen. Von dort gehen wir zu Fuß. Auf dem Weg zum **Qendra Ndërkombëtare e Kulturës**, der Pyramide von Tirana, kommen wir an der Baustelle eines riesigen Wolkenkratzers vorbei, und auch überall sonst wird gebaut. Selbst die Pyramide ist abgesperrt. Sie wurde einst als Museum für den Diktator Enver Hoxha geplant und wird nun zu einem Kulturzentrum umgestaltet. Auch am **Skanderbeg-Platz** wird fleißig gewerkelt, und das berühmte Mosaik über dem Eingang des **Historischen Nationalmuseums** ist eingerüstet. Hinter der ehrwürdigen **Et'hem-Bey-Moschee** recken sich Kräne und Hochhäuser empor und lassen Minarett und Uhrenturm winzig erscheinen. Wir spazieren zur **Katedralja e Ngjalljës së Krishtit**, der Kathedrale der Auferstehung Christi. Die riesige orthodoxe Kirche wurde 2012 eröffnet, und ihre modernen Mosaike gelten als die größten des Balkans. Gegenüber liegt der Eingang zum **Shtëpia me Gjethe**, dem Haus der Blätter. Im ehemaligen Hauptquartier der albanischen Geheimpolizei Sigurimi erinnert heute ein Museum an die Opfer des Überwachungsstaates.

Nach dem Besuch der sehr sehenswerten Ausstellung machen wir uns auf den Weg zurück zum Parkplatz. Wir wollen uns noch ein weiteres Museum anschauen, doch das liegt so weit außerhalb, dass wir mit dem Auto hinfahren: Versteckt in einem Wohngebiet ließ sich Enver Hoxha in den 1970er-Jahren einen atomsicheren Führungsbunker in den Berg sprengen. Die Anlage erstreckt sich über fünf Stockwerke und hat mehr als 100 Räume, sogar ein Theater gibt es. Heute ist darin die historische Ausstellung und Kunstgallerie **Bunk'Art 1** (41.349828, 19.860530; bunkart.al) untergebracht. Zum Eingang führt ein unscheinbares Tor mitten zwischen Wohnhäusern durch einen 200 Meter langen Tunnel in den Berg. Unser Bus passt gerade so durch den 2,60 Meter hohen Tunnelbogen.

Dajti Ekspres
Vom Eingang des Museums Bunk'Art 1 ist es nicht weit zur Talstation des Dajti Ekspres, einer Seilbahn, die auf Tiranas 1613 Meter hohen Hausberg Dajti fährt (41.350559, 19.861063).

Oben links: Der Wanderweg zur Festung Kalaja e Rodonit ist manchmal versperrt.
Oben rechts: Die Große Moschee von Tirana
Unten: Zwei von über 200 000 Bunkern, die Enver Hoxha überall in Albanien errichten ließ.

DIESEL
NAFTA
GASOIL
ДИЗЕЛЬ

Auf dem Rückweg fahren wir über den östlichen Ring auf die Autobahn E852/A3 nach Südosten. Die ist gut ausgebaut und bringt uns entspannt durch die Berge ins breite Tal des Shkumbin und nach Elbasan.

Unser Boxenstopp in Elbasan

Die Einfahrt zwischen zwei Häusern übersehen wir fast, dann rollen wir auf eine große Wiese. Ein Mann kommt auf uns zugestürmt und begrüßt uns lachend: »Willkommen im Camp Fridolin!« Albin spricht fließend Deutsch, denn er hat 30 Jahre als Automechaniker in Bayern gearbeitet – was man ziemlich deutlich hört. Nun betreibt er hier auch eine Werkstatt, und die hat sich unter Reisenden einen Namen gemacht. Die große Wiese steht voller Wohnmobile und Offroader – vom Landy über Pössl bis zum umgebauten Feuerwehr-Lkw. Die meisten haben Schrauber-Arbeit zu erledigen.

Auch wir sind deshalb hier, denn auf dieser Reise haben wir einen Rekord geknackt: Wir sind seit 10 000 Kilometern unterwegs, und unser Ölwechsel ist fällig. »Ach, kein Problem!«, ruft Albin auf Bairisch, und wir suchen uns einen hübschen Platz neben einem Apfelbaum auf seiner Wiese. Der wird am nächsten Tag zur Werkstatt umfunktioniert und jeder Punkt auf unserer langen Reparaturliste akribisch abgearbeitet. Es versteht sich von selbst, dass dabei kein einziger Tropfen Öl auf die Wiese fällt. Als wir am nächsten Tag unseren Bus starten, ist das Geklapper des Auspuffs, das uns seit Wochen begleitet hat, endlich weg.

Oben: Das Skanderbeg-Denkmal in Tirana
Unten links: Albin findet für jedes Problem eine Lösung.
Unten rechts: Auspuffhalterung – alt gegen neu

Camp Fridolin
Labinot Fushe km 3, Elbasan 3001, camping-fridolin.business.site, Tel. +355 69 3241163
GPS: 41.130390, 20.135216

Vom Camp Fridolin führt die Nationalstraße E852 immer am Fluss entlang gen Osten und schließlich in die Berge. Hinter Përrenjas geht es über Serpentinen steil hinauf. Auf dem höchsten Punkt des Passes biegt die Straße nach Norden ab und bringt uns zur Grenzstation Qafë Thanë (41.090326, 20.607589). Dort passieren wir die Grenze nach Nordmazedonien …

Übernachten am Ohridsee
Wenn ihr zur albanischen Seite des Ohridsees fahrt, könnt ihr auf der Landzunge hinter dem Hotel Kukësi Aldo am steinigen Ufer des Sees übernachten (41.054072, 20.646844). Auch das Dörfchen Lin ist einen Besuch wert, und der Blick über den See vom alten Bunker an der Spitze der Landzunge fantastisch.

Durch das zentrale Bergland

... Knapp zwei Wochen später reisen wir ein ganzes Stück weiter nördlich von Nordmazedonien in Bllatë e Epërme (41.560796, 20.493921) wieder nach Albanien ein. Schon am ersten Kreisel biegen wir ab und überqueren kurz hinter dem Dorf Majtarë den Schwarzen Drin. Die SH6 schlängelt sich dann durch hübsches Hügelland mit hohen Bergen am Horizont. Im Städtchen Klos machen wir kurz halt und werden prompt von Alex und Peter angesprochen. Alex ist in Klos geboren und lebt in Lübeck. Nun zeigt er seinem früheren Lübecker Gastvater die alte Heimatstadt und lädt uns auf einen Kaffee ein. Wir quatschen eine Weile und erfahren viel vom Leben in Albaniens abgelegener Bergregion. Dann geht es weiter durch das breite Tal des Flusses Mat. In Burrel biegt die Straße in die Berge ab, und weil es langsam dunkel wird, nehmen wir in einer Kurve kurzerhand einen Feldweg und übernachten auf einer hübschen Wiese hinter einer Hecke.

Unser Übernachtungsplatz in den Hügeln
GPS: 41.63717, 19.98775

Am nächsten Tag bemerken wir auf unserer Weiterfahrt durch die Hügel, wie selten sich hier offenbar Touristen blicken lassen, denn viele albanische Autofahrer winken uns begeistert zu. Die Straße führt hinab zum Shkopet-Stausee und kilometerweit an ihm entlang. Als wir die Staumauer hinter uns lassen, haben wir es nicht mehr weit bis in die Schwemmlandebene. Nach dem Zusammenfluss mit dem Fan sind die Berge vorbei und wir rollen wieder durch das platte Land der Tiefebene.

Ohne Wasser keine Fähre

Die E762 bringt uns nach Norden. Doch statt wie geplant nach Vau i Dejës abzubiegen, fahren wir daran vorbei. Denn die Fähre über den **Koman-Stausee**, die von dort über eine schlechte Straße erreichbar ist, hat für dieses Jahr wegen Wassermangel den Betrieb eingestellt. Und damit wird auch aus unserem Besuch im wunderschönen **Valbona-Tal** (42.423219, 19.868955) nichts, das sich vom Endpunkt der Fähre erreichen ließe. Wir werden also noch mal wiederkommen, um eines der schönsten Täler Albaniens zu entdecken.

Fähre über den Koman-Stausee
Der Anleger der Autofähren über den Koman-Stausee (42.108774, 19.826360) ist über die Straße SH25 erreichbar. Infos zu Preisen und Abfahrtzeiten der beiden Fährgesellschaften: komanilakeferry.com/en/buy-a-ticket und alpin.al/index.php?lang=EN

Oben: Fast unerschlossene Gipfel im zentralen Bergland
Unten: Hängebrücke über den Shkopet-Stausee

Shkodër am Skutarisee

Wir machen also erst in 8 **Shkodër** halt und suchen uns einen bewachten Parkplatz (42.0671622, 19.515581). Von dort bummeln wir eine Weile durch die belebte Basarstraße **Rruga Kolë Idromeno**, zur **Ebu-Bekr-Moschee** und zur **Mutter-Theresa-Statue**. Dann fahren wir zum Festungshügel Rozafa, auf dessen steilen Klippen die Ruinen der Festung **Kalaja e Shkodrës** stehen. Von dort oben können wir die Stadt und den Skutarisee überblicken. Zu unserem Übernachtungsplatz ist es nun nicht mehr weit. Wir checken im Campingplatz Lake Shkodra Resort ein und verbringen den Abend auf der Terrasse des Restaurants mit tollem Blick über den Skutarisee.

Lake Shkodra Resort
Rruga E Liqenit, Omaraj, Vrake, Shkoder 4001,
Tel. +355 69 2750337, lakeshkodraresort.com
GPS: 42.138423, 19.467160

Oben: Die Festung Kalaja e Shkodrës über Shkodër
Unten links: Lake Shkodra Resort ist Treffpunkt fast aller Albanien-Reisenden.
Unten rechts: Der Skutarisee ist der größte See der Balkanhalbinsel.

Theth in den verwunschenen Bergen

Tags darauf brechen wir bei Regen auf. Bis zu unserem Ziel sind es zwar nur 67 Kilometer, doch der Weg nach 9 **Theth** hat es in sich: Das Dorf liegt tief in den **Bjeshkët e Nemuna**, den verwunschenen Bergen. Auf der E762 fahren wir ein Stück nach Norden und biegen bei Koplik auf die einspurige SH21 ab. Sie führt durch die flache Ebene, doch je näher wir den Bergen kommen, desto mehr steigt sie an. Die Piste schlängelt sich zwischen Hecken durch grünes Buschland, und vor uns ragen die Berge immer höher auf, hinter jeder Kurve werden sie schroffer. Und dann beginnen die Kehren. Zuerst geht es gemächlich hoch, dann immer steiler. Bis wir den Scheitel des **Qafa Terthorjës**, des Thore-Passes auf 1685 Metern, erreicht haben, fahren wir längst im ersten Gang. Oben gönnen wir unserem Bus eine Pause und genießen den Wahnsinnsausblick in die unglaublich raue Bergwelt.

Hinter dem Pass geht es genauso steil wieder hinunter, nach endlosen Kehren sind wir irgendwann da. Die Häuser des Dorfes verteilen sich über das ganze Tal, das von schroffen Zweitausendern umschlossen ist. Im Winter ist das Tal oft monatelang eingeschneit und von der Außenwelt abgeschnitten. Wir parken am wohl berühmtesten Fotomotiv des Tals, der holzvertäfelten **Kirche von Theth**. Dann wandern wir zum **Blutracheturm**. Der Wehrturm erinnert daran, dass die Albanischen Alpen über Jahrhunderte so abgelegen waren, dass hier bis in die Neuzeit der

Über den Qafa Terthorjës in die verwunschenen Berge

»Kanun« galt, eine mittelalterliche Rechtsprechung, die nur mündlich überliefert wurde und sehr archaischen Regeln folgte. Selbst heute gibt es noch Gegenden in Albanien, wo Menschen nach diesen Gesetzen leben. Wer von Blutrache betroffen war, konnte sich in einen solchen Turm flüchten und dort auf Schlichtung seines Falles hoffen.

Am Turm blitzt kurz die Sonne durch, verschwindet aber wieder hinter dunklen Wolken. Und als wir nach der Besichtigung aus dem Turm kommen, fängt es an zu regnen, und wir kommen tropfnass am Bus an. Damit fällt eine Wanderung zum **Kaprre e Gimajve** (42.364440, 19.746318), dem »Blauen Auge von Theth«, erst einmal flach. Auch zum Wasserfall **Kaskada e Grunasit** (42.377477, 19.794402) in der Schlucht von Grunas wollen wir nicht bei Regen. So fahren wir ein Stück ins Tal und suchen uns eine hübsche Stelle am Fluss. Bei jeder Regenpause stürzen wir nach draußen, um das Bergpanorama zu genießen.

Unser Übernachtungsplatz am Fluss
GPS: 42.36915, 19.78972

Als wir am Morgen aus dem Bus schauen, ist klar, dass wir mit dem Wetter kein Glück haben. Dunkle Wolken ziehen durchs Tal, und es regnet heftig. Und das soll laut Wetterbericht auch so bleiben. Wir haben wenig Lust auf einen weiteren Regentag im Bus und entscheiden uns zum geordneten Rückzug. Denn wie schön Kaprre e Gimajve bei Sonne ist, durften wir schon drei Jahre zuvor erleben. So machen wir uns also an den kurvenreichen Rückweg über den Thore-Pass und genießen dabei nochmals das überwältigende Panorama. Als wir wieder in der Ebene ankommen, haben wir das schlechte Wetter in den verwunschenen Bergen zurückgelassen. Hinter Koplik biegen wir auf die E762 nach Norden und sind schon ein paar Kilometer später an der Grenze zu Montenegro.

Wandern rund um Theth
Wenn ihr im Sommer nach Theth kommt, werdet ihr euch zwischen den vielen Wandermöglichkeiten in den Albanischen Alpen wahrscheinlich kaum entscheiden können. Neben den »Peaks of the Balkans« gibt es unzählige Routen in allen Schwierigkeitsgraden. Den Weg z. B. zum Blauen Auge und zum Wasserfall von Grunas findet ihr hier: outdooractive.com/de/route/wanderung/albanien/thethi-syri-i-kalter-blue-eye-grunas-wasserfall/60297899. Seit die Straße ins Tal asphaltiert ist, lässt sich das Blaue Auge auch bequem vom Parkplatz unterhalb des Restaurants erreichen (42.355176, 19.767283).

Oben links: Die berühmte Kirche von Theth
Oben rechts: Der Blutracheturm war Zufluchtsort des Kanun.
Unten: Auf dem Weg zum Blauen Auge von Theth

Reiseinfos zu Albanien

Währung Albanische Lek
Faustregel Wechselkurs: 1 Euro = ca. 120 Lek

Zeitverschiebung keine (MEZ/MESZ)

Notrufnummern 112 (englisch)
Polizei: +355 4 2226801 (engl.), Verkehrspolizei: +355 4 2234875, Feuerwehr: +355 4 2223333, Notarzt: +355 4 2222235 (engl.)

Einreiseregeln/Wichtige Reisedokumente
Grenzkontrollen sind bei Ein- und Ausreise obligatorisch. Für deutsche Staatsbürger gelten Reisepass oder Personalausweis. Führerschein und Fahrzeugschein sind notwendig. Die Grüne Versicherungskarte ist verpflichtend und muss das Länderkürzel AL enthalten.

Internet/Netzabdeckung/ Netzgeschwindigkeit
Es gilt kein kostenfreies EU-Roaming. Alle regionalen Anbieter Vodafone, One und ALBtelecom haben Prepaid-Angebote für Touristen. Das albanische Mobilfunknetz ist hervorragend ausgebaut. Unsere Karte von Vodafone hatte selbst in abgelegenen Bergregionen problemlos 4G-Empfang.

Freies Übernachten
In Albanien ist freies Campen erlaubt. Das gilt aber nicht in Naturschutzgebieten, auf privaten Grundstücken und in der Nähe von staatlichen Gebäuden. Jedoch werden die Küsten zunehmend kommerziell genutzt, und freies Stehen ist häufig nicht mehr möglich. In Touristengebieten kann es vorkommen, dass Landbesitzer auftauchen und lautstark Gebühren einfordern. Ob diese Ansprüche berechtigt sind, lässt sich kaum prüfen. In solchen Fällen solltet ihr das Feld räumen. Wir haben diese Praxis selbst nicht erlebt, sondern Albanien als absolutes Traumland für freies Übernachten kennengelernt.

Camping-Infrastruktur
Albaniens Angebot an Campingplätzen wächst rasant. Die Ausstattung ist in der Regel sehr einfach, die Lage dafür umso schöner. Ansonsten gilt in Albanien, dass Not erfinderisch macht: Ob ihr eure Toilette geleert, eure Gasflaschen gefüllt, euer Auto lackiert oder den Motor repariert haben wollt – es wird sich eine Lösung finden. Und die ist meistens gut und gar nicht teuer.

Trinkwasserqualität
Leitungswasser ist in Albanien in der Regel nicht trinkbar, es gibt aber überall im Land zahlreiche Trinkbrunnen und Quellen. Wir

haben Wasser generell gefiltert und hatten keine Probleme.

Tempolimits/Lichtpflicht/Straßenqualität

Innerorts gilt Tempolimit 40, außerorts 80, auf Schnellstraßen 90 und auf Autobahnen 110 km/h. Es gilt auch tagsüber ganzjährig Lichtpflicht. Albaniens Straßennetz wird immer weiter ausgebaut. In den Ebenen und im Süden des Landes werdet ihr meist neu ausgebaute Straßen in gutem Zustand antreffen. Auf Nebenwegen und in abgelegenen Bergregionen gilt das allerdings nicht. Hier sind die Straßen häufig einspurig und in sehr schlechtem Zustand. Nebenstraßen sind in den Bergen oft Pisten, die in echte Abenteuer ausarten und euer Fahrzeug beschädigen können. Im Zweifel solltet ihr größere Umwege durch die Täler in Kauf nehmen.

Straßenmaut

Außer für den fünf Kilometer langen Kalimash-Tunnel zwischen Rrëshen und Kukës im Nordosten Albaniens wird bislang nirgends Maut erhoben.

Reisewortschatz – die Basics

Deutsch	Albanisch
Hallo	Përshëndetje
Tschüss	Mirupafshim
Guten Tag!	Mirëdita
Auf Wiedersehen!	Mirupafshim
Ja / Nein	Po/Jo
Ja bitte / Nein danke	Po te lutem/Jo faleminderit
Danke	Faleminderit
Bitte	Ja ku shkoni
Entschuldigung	Më falni
Sehr gut!	Shume mire!
Ich heiße …	Unë quhem ...
Wie heißt du?	Si e ke emrin?
Prost!	Gëzuar!
Darf ich Englisch/Deutsch mit dir sprechen?	Mund të flas me ju në anglisht/gjermanisht?
Ich brauche Hilfe.	Kam nevoje per ndihme.

Streckenlänge
600 Kilometer

Empfohlener Aufenthalt
6 bis 8 Tage

Highlights
Ohridsee, Prespasee, Makedonium Kruševo, Prilep, Skopje, Matka-Schlucht, Kloster Sveti Jovan Bigorski

ETAPPE 10

NORDMAZEDONIEN

Nordmazedonien

ALTE TÜRME, EINSAME GEBIRGE UND EIN GLASKLARER URZEITSEE

Von Republika Severna Makedonija, der Republik Nordmazedonien, kannten wir vor dieser Reise nur den Ohridsee. So geht es vielen Balkanreisenden, denn die wenigsten nehmen sich die Zeit, von dort über die Berge ins Landesinnere zu fahren. Das ist aber ziemlich schade, denn Nordmazedonien ist viel ursprünglicher geblieben als sein Nachbar Albanien, das sich rasend schnell in ein Touristenland verwandelt.

Nordmazedonien ist etwas größer als das Saarland und Rheinland-Pfalz zusammen. Es hat zwar keine Küste, doch umso mehr Gebirge. Der höchste Berg Korab erhebt sich in der Šar Planina im Nordwesten. Im Südwesten erstrecken sich Jablanica, Galičica und das Baba-Gebirge. Ganz im Süden begrenzt die Nidže-Kette das Land und im Nordosten das Osogovo-Gebirge. Das Landesinnere prägt das Jakupica-Gebirge. Doch das sind nicht etwa alle, sondern bloß die Gebirge über 2.000 Meter – mit den Namen aller Mittelgebirge könnten wir wahrscheinlich den Rest dieser Buchseite füllen.

Nordmazedonien hieß bis 2019 Mazedonien. Diese Namensänderung sagt viel über die Geschichte des Landes aus. Wer das Gebiet einst besiedelte, ist heute ähnlich umstritten wie die Frage, ob das antike Königreich Makedonien griechisch oder mazedonisch war und wo dessen Grenzen verliefen. Als Makedonien unter Alexander dem Großen immer weiter expandierte, ging das Königreich einfach im Hellenistischen Reich auf. Seitdem bezeichnete Mazedonien einen groben geografischen Raum, der sich zwischen Nordgriechenland und Albanien über Nordmazedonien in den Kosovo und Serbien und bis nach Bulgarien erstreckt. Beinahe jedes der Länder beanspruchte im Laufe der Geschichte Teile von Mazedonien für sich.

Ohrids antikes Theater ist heute Festivalbühne.

Eine eigenständige mazedonische Nation entwickelte sich erst, als 1944 die Teilrepublik Mazedonien in der Föderation Jugoslawien gegründet wurde. Als Jugoslawien zerfiel, erklärte Mazedonien 1991 seine Unabhängigkeit. Doch lange behinderte Griechenland den Beitritt zu NATO und EU, denn es fürchtete Gebietsansprüche auf die griechische Region Makedonien. Erst nach der Namensänderung 2019 gab Griechenland seine Blockadehaltung auf. Seit 2005 ist Nordmazedonien Beitrittskandidat der EU und seit 2020 Mitglied der NATO. Bis heute hat das Land eine der schwächsten Volkswirtschaften Europas und kämpft mit hoher Arbeitslosigkeit, Abwanderung, einer schlechten Infrastruktur und fehlenden Investitionen.

Touristisch ist das Land bisher kaum entwickelt. An manchen Hotspots und in der Hauptstadt trifft man internationales Publikum, doch im Großteil des Landes sucht man das vergebens. Wir haben uns auf der Reise durch das Land immer wieder gefragt, wieso das so ist. Denn eigentlich müssten sich die Wanderer dieser Welt die Namen der oft fast völlig unbekannten Gebirge wie Geheimbotschaften zuflüstern.

Viele Bergregionen sind kaum erschlossen und von Menschenhand fast unberührt. Die Pinienwälder des Pelister-Nationalparks werden von Wölfen und Braunbären bevölkert, in den Buchenurwäldern des Dlaboka-Reka-Tals jagen die letzten Balkanluchse, und über die Hochweiden des Mavrovo-Nationalparks ziehen Herden von Gämsen. Nordmazedonien wirkte auf uns wie ein leuchtender Schatz, den bis heute niemand entdeckt hat.

Die Menschen in Nordmazedonien würden sich sicher freuen, wenn sich das ändert. Wir haben sie als angenehm zurückhaltend und ausgesprochen freundlich erlebt und uns überall sehr willkommen gefühlt. Dabei haben wir bemerkenswert oft Deutsch gesprochen, denn viele Mazedonier haben in Deutschland gearbeitet. Unter jüngeren Menschen kamen wir dagegen mit Englisch weiter.

Als Fazit bleibt für uns, dass wir das kleine Land hinter dem Ohridsee sehr unterschätzt haben. Von allen Ländern auf dieser Reise hat es in unseren Augen den Titel »Geheimtipp« am meisten verdient. Wir müssen unbedingt wieder nach Nordmazedonien kommen, denn es gibt dort – vor allem für Wanderer – noch unglaublich viel, fast völlig Unbekanntes zu entdecken.

Oben links: In Ohrids Hafenviertel Pristanište
Oben rechts: Die Terrasse des Restaurants Dva Bisera, hier wird gegrillte Ohridforelle serviert.
Unten: Die Kirche Sveti Jovan Kaneo ist ein beliebtes Instagram-Motiv.

PIZZERIA
PIZZA SERVICE
ПИЦЕРИЈА
КОЗА НОСТРА
КАД

Am Ohridsee

Hinter der Grenzstation in Kjafasan werden die Berge niedriger, und nach den letzten Hügeln biegen wir nach Elen Kamen ab. Kurz hinter dem Dorf erreichen wir einen winzigen Campingplatz am Ufer des Ohridsees. Es findet sich für uns ein hübscher Platz unter einer Weide mit Blick über den See.

Camping Lakeside2
R1208, 6330 Radožda, Tel. +389 78 271491
GPS: 41.112979, 20.636267

Ohridsko Ezero, der Ohridsee, existiert seit mindestens 1,36 Millionen Jahren und ist damit der älteste See Europas. In ihm haben sich Fischarten entwickelt, die nur hier leben. Eine davon ist Ohridska pastrmka, die Ohridforelle. Der hervorragende Speisefisch ernährte jahrtausendelang die Menschen, die am Ufer des Sees siedelten. Doch in der Neuzeit wurden so viele Fische gefangen, dass die Ohridforelle auszusterben drohte. Seit 2013 ist das Fischen im Ohridsee verboten, und die Bestände erholen sich langsam. Heute wird die Ohridforelle gezüchtet, und so können auch wir diese Spezialität probieren. Wir spazieren ein paar 100 Meter zum Restaurant Dva Bisera ins Dorf. Von der Terrasse haben wir einen grandiosen Blick über den See, und auch unsere gegrillte Forelle ist fantastisch.

Restaurant Dva Bisera
R1208, 6330 Radožda, Tel. +389 70 261586
GPS: 41.106930, 20.633571

Im schönen Städtchen Ohrid

Am nächsten Morgen starten wir früh, überqueren auf der Straße R1208 den Schwarzen Drin, der hier aus dem See entspringt, und sind schon bald in Ohrid. Hinter **Gorna porta na tvrdinata**, dem oberen Stadttor, finden wir einen freien Parkplatz (41.115202, 20.795451) und spazieren in die Altstadt von **1** **Ohrid**. Nur ein paar Schritte später sind wir am **antiken Theater** aus hellenistischer Zeit. Hier steht noch die Bühne des Ohrid-Sommerfestivals, das jedes Jahr im Juli und August klassische Konzerte aufführt. Etwas oberhalb des Theaters ragt **Samuilova Tvrdina**, Samuils Festung, auf. Der bulgarische Zar machte Ohrid zur Hauptstadt seines Reiches und ließ die mächtige Zitadelle auf dessen höchstem Punkt, dem Hügel **Gorni Saraj**, errichten. Von ihrer

Mauerbrüstung können wir kurz darauf den ganzen Ohridsee überblicken.

An der Burgmauer entlang führt ein unscheinbarer Pfad durch den Wald zum wahrscheinlich beliebtesten Fotomotiv der Region. **Sveti Jovan Kaneo**, die Kirche des heiligen Johannes von Kaneo aus dem 12. Jahrhundert, überragt so malerisch den See, dass auch wir den süßen Backsteinbau ausgiebig fotografieren müssen. Auf dem Rückweg in die Stadt kommen wir an **Sveta Sofija**, der byzantinischen Sophienkirche, vorbei. Weiter unten am Ufer des Sees liegt **Pristanište**, das Hafenviertel. An der Seepromenade reihen sich Hotels, Restaurants und Cafés. Wir entscheiden uns für einen Kaffee im Zona Garden (41.112073, 20.795587), von wo aus wir einen hübschen Blick auf den kleinen Stadtstrand haben.

Bootstour zum Kloster Naum
Vom kleinen Bootsanleger an der Promenade (41.111659, 20.799551) fahren Ausflugsschiffe über den See zur Knochenbucht und zum Kloster Naum. Die Fahrten können auch online gebucht werden. Infos: armada.mk

Die Steinzeitbauern der Knochenbucht

Von Ohrid fahren wir auf der P1301 um den See, und bald kommt unser nächstes Ziel in Sicht. In 2 **Ploča Mičov Grad** (40.99465, 20.798522), der Knochenbucht, haben Forscher die Reste einer Pfahlbausiedlung aus der Jungsteinzeit gefunden. Schon vor mehr als 6500 Jahre siedelten hier Menschen, das haben Reste von über 50 000 Holzpfählen unter Wasser bewiesen. Im Sediment zwischen den Pfählen fand man uralte Getreidekörner, und man geht davon aus, dass hier wahrscheinlich Europas erste Bauern lebten. Wie dieses Leben auf dem Wasser aussah, können wir uns in einem Museumsdorf anschauen, das auf hölzernen Stelzen aus dem Wasser ragt. Die verschiedenen Bauweisen der Lehmhäuser sind mit viel Liebe zum Detail rekonstruiert. Und selbst die Ausgrabungen unter Wasser könnten wir betrachten: Eine kleine Tauchstation bietet Unterwasserführungen und Tauchkurse an. Wir bleiben aber lieber trocken und besuchen das kleine Museum am Ufer. Dann geht es mit unserem Bus weiter um den See.

Im Kloster Sveti Naum

Der Parkplatz vor dem Kloster 3 **Sveti Naum** (40.915702, 20.745255) ist voller Reisebusse. Das ist auch nicht verwunderlich, denn das über 1100 Jahre alte Kloster ist Nordmazedoniens berühmteste Sehenswürdigkeit. Ein Park umgibt die Klosteranlage, und auf dem Weg dorthin passieren wir ein langes Spalier aus Souvenirshops. Die Klosterkirche ist perfekt restauriert, und im Innenraum erzählen alte Fresken vom Leben des Klostergründers, des Heiligen Naum. Hinter dem Kloster entspringt eine Karstquelle, deren Fluss den Ohridsee speist. Touristen können sich in kleinen Booten zur Quelle bringen lassen. Wir lassen den Touristenrummel lieber hinter uns und fahren ein Stück auf der P1301 zurück. Zwischen Kloster und Knochenbucht zweigt eine schmale Straße in den Galičica-Nationalpark in den Bergen ab. Doch dort hinein wollen wir erst morgen, deshalb suchen wir uns einen verschwiegenen Übernachtungsplatz auf einer Wiese oberhalb des Sees.

Unser Übernachtungsplatz oberhalb des Sees
GPS: 40.974057, 20.790251

Auf den höchsten Berg im Galičica-Gebirge

Von der Wiese ist es am nächsten Morgen nicht weit zum Kassenhäuschen des Nationalparks. Der nette Ranger gibt uns noch Wandertipps, dann dürfen wir passieren. Die Straße zum Pass über das 4 **Galičica-Gebirge** ist zwar mächtig steil, aber dafür frisch geteert. Wir lassen uns Zeit auf dem Weg nach oben, denn unterwegs sind viele Aussichtspunkte zu entdecken. Auf dem Scheitelpunkt des Passes stellen wir unseren Bus am Straßenrand ab. Ab hier wollen wir auf den höchsten Berg, den **Magaro**, laufen. Ein ziemlich steiler Pfad führt vom Startpunkt der Wanderung (40.953730, 20.828905) knackige 700 Höhenmeter hinauf, und beim Aufstieg kommen wir ganz schön außer Puste. Zum Glück wird es oben auf der Kuppe etwas flacher. Auf 2254 Meter Höhe fegt ein heftiger Wind, dafür ist die 360°-Fernsicht absolut fantastisch. Tief unter uns können wir den Ohridsee sehen. Nach einem stürmischen Picknick machen wir uns an den Abstieg. Der Bus bringt uns wieder entspannt ins Tal, und schon von weit oben können wir den Prespasee sehen.

Oben links: Rekonstruierte Pfahlbausiedlung Ploča Mičov Grad
Oben rechts: Der Eingang zum Kloster Sveti Naum
Unten: Hoch über dem Ohridsee am Pass über die Galičica-Berge

Zu den Pelikanen am Großen Prespasee

5 **Prespansko Ezero**, der Prespasee, liegt 154 Meter höher als der Ohridsee und besteht eigentlich aus zwei Seen. Den Großen Prespasee teilen sich Nordmazedonien, Albanien und Griechenland, der kleine Prespasee liegt auf griechischem Gebiet. Das gesamte Dreiländereck steht unter Naturschutz und ist ein wichtiges Brutgebiet für seltene Wasservögel.

Unseren Abstecher auf die Landzunge von Konjsko am Ufer des Großen Prespasees können wir nur Menschen empfehlen, die Spaß daran haben, nach zehn Kilometern übel ausgewaschener Rumpelpiste im weichen Kies des Seeufers zu versinken – also ganz normalen Offroad-Fans. Wer diese Mühe auf sich nimmt, wird mit einem Logenplatz auf die Vogelwelt des Sees und seine Insel **Golem Grad**, die Schlangeninsel, belohnt (40.912708, 20.993786; Bodenfreiheit erforderlich,

Blick über den Großen Prespasee auf Golem Grad, die Schlangeninsel

Kiesstrand nur mit 4×4!). Dort schauen wir Pelikanen und Reihern beim Fischen zu und genießen das unbeschreibliche Farbenspiel der untergehenden Sonne auf dem **Baba-Gebirge** am gegenüberliegenden Ufer. Wer auf das Gerumpel keine Lust hat, findet am Ufer vor dem Örtchen Oteshevo ebenso schöne Übernachtungsmöglichkeiten, die ganz entspannt erreichbar sind. Der Blick auf die Baba-Berge ist von dort fast der gleiche.

Alternativer Übernachtungsplatz nahe Oteshevo
GPS: 40.968957, 20.912267

Auf die Insel Golem Grad

Wenn ihr die Natur des Prespasees noch intensiver erleben wollt, könnt ihr euch per Boot zur Insel Golem Grad bringen lassen. Dort gibt es Pelikane, Reiher und Kormorane zu beobachten und Ruinen von drei Klöstern zu entdecken. Mit etwas Glück trefft ihr sogar eine der scheuen Schlangen, die der Insel ihren Namen gaben. Bootstouren werden unter folgenden Telefonnummern angeboten: Rot Hotel, Tel. +389 75 240691; privater Anbieter, Tel. +389 75 358686.

Am nächsten Tag schaukeln wir die zehn Kilometer miese Piste wieder zurück und fahren in Stenje auf die R1307. Sie führt am See entlang durch weite Apfelplantagen über Tsarev Dvor zur E65/A3. Der Zustand der Straßen und Dörfer erinnert uns an den Nordwesten von Bulgarien. Doch die grünen Hügel des Baba-Gebirges sehen so verheißungsvoll ursprünglich aus, dass wir am liebsten sofort hinfahren würden.

Irgendwann haben wir 6 **Bitola** erreicht, Nordmazedoniens drittgrößte Stadt. Wir halten für einen Großeinkauf und fahren dann in die Innenstadt. Unser bewachter Parkplatz (41.028236, 21.335638) liegt strategisch günstig für einen Spaziergang durch die hübsche Altstadt. Doch lange halten wir uns nicht auf, denn vor uns liegt noch einiges an Strecke. Wir fahren noch ein Stück auf der A3 und biegen dann auf die R1305 nach Kukurechani ab, die bis zur R1306 in Sladuevo lange durch Felder und Dörfer führt. Sie ist ein ziemlicher Flickenteppich und wird nicht besser, als sie sich hinauf in die Berge windet. Wir sind froh, als wir endlich Kruševo erreichen.

Das Makedonium in Kruševo

Der kleine Ort schmiegt sich an einen Berghang, und der Weg führt in steilen Serpentinen hindurch. In den engen Straßen ist richtig viel los, und als wir an einem Markt vorbeifahren, sind wir ziemlich traurig, dass wir vorhin ganz langweilig im Supermarkt einkaufen waren. Ganz oben im Ort endet unsere Fahrt auf einem großen Parkplatz (41.375095, 21.246704). Dahinter beginnt eine Parkanlage, in deren Zentrum das 7 **Makedonium** steht. Es wird auch Ilinden-Denkmal genannt und erinnert seit 1974 an den Ilinden-Aufstand im Jahr 1903. Damals rebellierten mazedonische Bauern gegen ihre osmanischen Besatzer und riefen die Republik Kruševo aus. Doch nach nur zehn Tagen zerschlugen osmanische Truppen diese wieder.

Oben: Was im Navi als Straße weiß markiert ist, stellt sich in Wahrheit als tief ausgewachene Traktorpiste heraus. Das ist uns in Nordmazedonien häufiger passiert..
Unten: Tabak ist ein wichtiges Exportprodukt des Landes.

Wie fast alle Spomenik ist auch das Makedonium äußerst futuristisch gestaltet. Es erinnert an eine riesige weiße Taucherglocke, aus der organisch wirkende Vorsprünge ragen. Wir schaffen es gerade noch hinein, bevor das Monument für heute schließt. Die oberen Fenster sind aus kunstvoll gestaltetem Bleiglas und tauchen das Innere in buntes Licht. Abstrakte Reliefs in den Fenstervorsprüngen stellen künstlerisch die Geschichte Mazedoniens dar.

Ilinden-Denkmal
Die ganze Geschichte des Ilinden-Spomenik könnt ihr hier nachlesen: spomenikdatabase.org/krusevo

Wir schauen uns eine Weile um, dann lassen wir den Museumswärter Feierabend machen. Und gehen Pilze sammeln, denn die Wiese um das Monument steht voller Edelreizker. In den Hügeln über der Stadt finden wir anschließend einen Übernachtungsplatz mit Panorama-Aussicht und machen uns ans Pilzeputzen.

Oben: Das futuristische Makedonium in Kruševo
Unten: Die geheimnisvolle Felsenburg Markovi Kuli über Prilep

Unser Panorama-Übernachtungsplatz
GPS: 41.38795, 21.23166

Am nächsten Tag fahren wir nach Kruševo zurück. Doch diesmal geht es zur anderen Seite der Berge hinunter. Nach einer ziemlich steilen Abfahrt führt die Straße R1306 immer geradeaus durch die Pelagonische Ebene nach Prilep.

Markos Türme und Kloster Treskavec

Für den Anfang fahren wir durch 8 **Prilep** durch zu **Markovi Kuli**, Markos Türmen. Marko Kraljević war ein historisch eher unbedeutender serbischer Prinz im 14. Jahrhundert, der auf rätselhafte Weise zum zentralen Helden der südslawischen Volkspoesie wurde. Zahllose Legenden ranken sich um ihn, und seit Jahrhunderten wird sein Leben in Epen besungen. Darin ist Marko der größte Held aller Zeiten und wurde über 300 Jahre alt. Um zu seiner Burg zu kommen, parken wir am Ende einer ziemlich schlechten Straße (41.358869, 21.540898) und folgen einem breiten Schotterweg, der sich um den Berg zur Festung zieht. Je höher wir kommen, desto schöner wird der Blick über die Stadt. Das letzte Stück des Weges glitzert in der Sonne, denn es ist mit weißem mazedonischem Marmor geschottert. Dann stehen wir ganz allein in den Ruinen.

Wir steigen zum großen Eisenkreuz hinauf, das auf dem höchsten Felsen die Burg überragt. Von dort genießen wir die grandiose Sicht in die weite Ebene, die voller skurril geformter Felsblöcke ist. An denen lässt sich übrigens ganz ausgezeichnet bouldern. Nach dem Abstieg parken wir unseren Bus in der Innenstadt (41.344726, 21.556795) und schlendern durch die Gassen des alten **Basar-Viertels** zum Wahrzeichen der Stadt, dem Uhrenturm **Saat Kula**. Auf dem Bauernmarkt **Gradski Pazar** decken wir uns mit frischem Obst, Gemüse und Käse ein, dann sagen wir Prilep Lebewohl.

Unser Bus muss ganz schön schuften, um die steilen Kehren hochzukommen. Als wir am Parkplatz unterhalb des 9 **Klosters Treskavec** ankommen, bleibt auch uns fast die Luft weg – die Aussicht in die Ebene ist der Hammer. Das kleine Kloster wurde im 12. Jahrhundert unterhalb einer verwitterten Sandsteinklippe gebaut. Im Laufe der Zeit wurde es mehrfach zerstört und wieder aufgebaut und brannte 2013 fast völlig nieder. Nur die kleine Kirche im Innenhof blieb verschont.

Die Außengebäude sind heute wieder erneuert, doch die Kirche noch nicht. Ein großes Blechdach schützt sie vor der Witterung. Doch die Türen in die Kirche stehen offen. Der kleine Innenraum verschwindet fast im Dämmerlicht, und es sieht aus, als wäre hier seit 100 Jahren niemand mehr gewesen. Wir sind ganz hin und weg von der Atmosphäre. Während wir durch das Kloster streifen, begegnen wir nicht einem Menschen. Dieser Ort ist einfach zu schön, um wieder wegzufahren, deshalb beschließen wir, über Nacht zu bleiben. Später genießen wir den Panorama-Sonnenuntergang. Dann kommen langsam die Sterne hervor, bis die Milchstraße über uns leuchtet.

Unser Übernachtungsplatz am Kloster
GPS: 41.401818, 21.535584

Nach einem Panoramafrühstück in der Sonne geht es zurück ins Tal. In Prilep fahren wir auf die Straße R1101, die quer durch die Babuna-Berge zur Autobahn E75/A1 führt. Die bewaldeten Gipfel ringsherum sehen so wild und unberührt aus, dass wir uns fragen, wie es wohl wäre, hier drei Wochen mit dem Rucksack querfeldein zu gehen. Was für ein Abenteuer das sein muss! Wir erreichen das Varda-Tal und fahren bei Gradsko auf die Autobahn. Die folgt dem Varda flussaufwärts am Jakupica-Gebirge entlang bis nach Skopje.

Oben links: In der Kirche des Klosters Treskavec
Oben rechts: Ein Gerüst schützt die kleine Klosterkirche.
Unten: Panorama-Aussicht vom Parkplatz des Klosters

Für Nordmazedoniens Hauptstadt haben wir nur einen Tag eingeplant, aber es kommt etwas anders. Da es um Skopje keine Campingplätze gibt, entscheiden wir uns für eine Ferienwohnung und checken in die Villa Eleni ein. Die liegt auf einem Hügel über Skopje, und von ihrer riesigen Terrasse schaut man genau auf die Innenstadt. Das nennt sich dann wohl beste Lage. Weil es in die Stadt zu Fuß zu weit ist, beschließen wir, das Angebot des Hausherrn Gojko zum Abendessen anzunehmen. Und was wir etwas später aufgetischt bekommen, stellt selbst die Aussicht lässig in den Schatten, denn der Chef hat selbst gekocht und macht das mit Leidenschaft.

Gojkos Schmorbraten ist weich wie Butter und unglaublich lecker gewürzt. Dazu gibt es Kartoffeln und Schafskäse aus der Region und frischen Salat aus dem eigenen Garten. Wir schlemmen wie die Könige und genießen dabei die schöne Sicht auf Skopje. Später verkosten wir noch Gojkos Weine und seinen wirklich leckeren Rakija. Es gefällt uns hier so gut, dass wir den nächsten Tag einfach auf der Terrasse faulenzen, anstatt uns Skopje anzuschauen. Und natürlich nehmen wir das Angebot zum Abendessen an. Da grillt der Chef für uns und verwöhnt uns wieder mit regionalen Spezialitäten.

Oben: Abendessen in der Villa Eleni
Unten: Blick auf Skopje

Villa Eleni Guest House
Blagoja Gojan 29 A, 1000 Skopje,
Tel. +389 70 377162
GPS: 41.977405, 21.436035

Skopje, Stadt der tausend Statuen

Am nächsten Morgen genießen wir noch das Frühstück in der Villa, dann dürfen wir zum Abschied ein paar Vezena-Piperka-Chilischoten aus dem Garten pflücken. Schließlich rollen wir mit dem Bus in die Innenstadt von 10 **Skopje**. Vom bewachten Parkplatz (42.001324, 21.435632) an der **Mustafa-Pascha-Moschee** sind es nur ein paar Schritte zum **Stara Čaršija**, dem Alten Basar. Skopjes Basar-Viertel wirkt gar nicht herausgeputzt wie in vielen anderen Städten unserer Reise. Neben den Cafés gibt es hier keine Souvenirläden, sondern Schuhmacher und traditionelle Bäckereien, und durch die Gassen laufen Einheimische anstatt Touristen.

Auf dem Weg zum Ufer des Vadar kommen wir am alten osmanischen Badehaus **Davut Paşa Hamamı** vorbei, in dem ein Teil der mazedonischen Nationalgalerie untergebracht ist. Die Uferpromenade wird von prunkvollen Regierungsbauten gesäumt, die zwar klassizistisch aussehen, aber seltsam neu wirken. Auch **Most na umetnosta**, die Brücke der Kunst, wirkt nur auf den ersten Blick wie ein Bau des 19. Jahrhunderts.

Brücke und Gebäude sind das Ergebnis des umstrittenen Bauprojekts »Skopje 2014«. Im Jahr 2010 ließ Nordmazedoniens damaliger Ministerpräsident Nikola Gruevski als Teil seiner nationalistischen Makedonismus-Politik Skopjes Innenstadt zu einer »Barock-Stadt« umgestalten. Alte Bausubstanz wurde abgerissen und durch Gebäude, Springbrunnen und Denkmäler in historisierendem Stil ersetzt. Selbst ein Triumphbogen nach Pariser Vorbild, die **Porta Makedonija**, wurde gebaut. Das Projekt brachte Skopje den traurigen Beinamen »Kitschhauptstadt Europas« ein. Auch die riesige **Reiterstatue Alexander des Großen** auf dem Makedonija-Platz gab es vorher nicht.

Wir queren den Platz und schauen beim **Mutter-Teresa-Gedenkhaus** vorbei. Die berühmte Ordensschwester wurde 1910 in Skopje geboren. Dann treten wir den Rückweg an, der uns über Skopjes Wahrzeichen, **Kamen Most**, führt. Die osmanische Steinbrücke ist keine Kopie, sie wurde tatsächlich im 15. Jahrhundert erbaut. Auf dem Weg zurück zum Basar-Viertel passieren wir noch mehr pompöse Denkmäler, die ganze Innenstadt steht voll damit. Bevor wir wieder zum Parkplatz gehen, schauen wir uns noch die orthodoxe **Kirche der Himmelfahrt Jesu** aus dem 16. Jahrhundert an.

Am Abgrund durch den Matka-Canyon

Für den Weg von Skopje zum 11 **Matka-Canyon** vertrauen wir auf unser Navi, das uns über eine Abkürzung durch Krušopek lotst. Die Strecke durch enge Gassen und schmale Hinterhöfe macht die Anfahrt von rund 15 Kilometern zu einem kleinen Abenteuer. Vielleicht wäre es schlauer gewesen, einfach auf der Hauptstraße zu bleiben. Hinter Glumovo verengt sich der Lauf des Flüsschens Treska zur engen Schlucht. Wir kommen an ein paar hübschen Klöstern vorbei und machen es am offiziellen Parkplatz (41.958698, 21.2955926) den Einheimischen nach: Auch wir fahren einfach weiter. Den Parkplatz am Staudamm (41.953156, 21.297241) können wir aber nur empfehlen, wenn wenig los ist. Da es dort sehr eng zugeht, wird Wenden sonst leicht zum Stresstest.

Wir quetschen den Bus in eine Lücke und machen uns zu Fuß zum Matka-Stausee auf. An einem Bootsanleger hinter der gewaltigen Staumauer kann man Kajaks mieten, und es werden Schiffstouren zur berühmten Vrelo-Höhle angeboten. Wir entscheiden uns gegen das Touristenprogramm und durchqueren den malerischen Hof des kleinen Restaurants Canyon Matka. Dahinter beginnt

Oben: Der Makedonija-Platz in Skopje
Unten links und rechts: Unterwegs in Skopjes Basar-Viertel

MARRIOTT

ANTIQUE SHOP

ein schmaler Wanderpfad, der sich oberhalb des türkisblauen Wassers an den steilen Felswänden entlangzieht. An vielen Stellen ist der Weg in den senkrechten Fels gehauen, und manchmal führt er durch schmale Felsentore mitten hindurch – er ist ausgesetzt und schlecht gepflegt, teilweise zugewachsen und absolut nichts für Kinder, denn an vielen Stellen fehlt das Geländer. Obwohl die Strecke eine Sackgasse ist, empfinden wir die Tour als ein tolles Erlebnis, weil wir im Matka-Canyon fast ganz allein unterwegs sind.

Für die Nacht suchen wir uns einen Platz am Ufer der Treska unterhalb eines Restaurants. Hier stehen schon ein paar Camper, und wir stellen uns dazu. Von unseren Nachbarn bekommen wir den Tipp, nicht zu nah am Wasser zu parken, denn wenn am Staudamm Wasser abgelassen wird, steigt hier der Pegel ziemlich schnell. Das passiert am nächsten Morgen tatsächlich, doch dank des Tipps bleibt unser Bus auf dem Trockenen.

Unser Übernachtungsplatz am Treska-Ufer
GPS: 41.960711, 21.296396
Vorsicht vor Hochwasser, wenn aus dem Staudamm Wasser abgelassen wird! Dann kann es passieren, dass die tieferen Stellplätze innerhalb von Minuten überschwemmt sind.

Oben links: Übernachtung am Treska-Ufer
Oben rechts: Aussicht auf den Kozjak-Stausee
Unten: Blick von der Staumauer in den Matka-Canyon

An der Treska-Schlucht entlang
Wenn ihr euch die atemberaubende Bergwelt der Treska-Schlucht und den Kozjak-Stausee von oben anschauen wollt, könnt ihr von Skopje am Südhang des Berges Vodno 35 Kilometer zu einer tollen Aussicht an der Straße 302 fahren (41.888666, 21.227654). Von dort startet eine Wanderung am Rand der Schlucht entlang zu einem noch spektakuläreren Aussichtspunkt (41.883935, 21.204433).

Durch den Mavrovo-Nationalpark

Wir verabschieden uns von der Treska, fahren ein kurzes Stück nach Glumovo zurück und auf die Autobahn E65/A2. Die zweispurige Straße bringt uns durch grüne Hügellandschaft in die breite Polog-Ebene zu Füßen des Gebirgszugs Šar Planina. Wir rollen an Tetovo vorbei und in der Ebene geradewegs nach Süden. Erst in Gostivar gibt es wieder Kurven, die sanft bergauf führen. Dann geht die R1202 nach Debar ab, und die Straße wird steiler. Hier beginnt der Mavrovo-Nationalpark, der sich bis ins Korabgebirge und an die Grenze zu Albanien erstreckt. Bald taucht der Mavrovo-Stausee vor uns auf, auch er gehört zum Nationalpark.

Die versunkene Kirche
Unseren Abstecher zur versunkenen Dorfkirche in Mavrovo (41.660003, 20.735406) können wir nur bedingt empfehlen. Denn der Wasserstand des Mavrovo-Stausees fällt seit Jahren, weshalb die Ruine längst wieder auf dem Trockenen steht. Sie wird sogar wieder als Kirche genutzt.

Als wir an der Staumauer in Mavrovi Anovi den See hinter uns lassen, ändert sich die Landschaft. Wir folgen nun einem engen Tal durch bewaldete Berge. Zwischen den Bäumen können wir ab und zu einen Blick auf die über 2000 Meter hohen Gipfel des Korabgebirges erhaschen. Dann macht die Straße eine Kurve und folgt dem Lauf der Radika am Gebirgszug entlang nach Süden. Das Tal wird breiter, und irgendwann führt ein steiler Abzweig zum 12 **Kloster Sveti Jovan Bigorski** (41.619872, 20.609458) hinauf. Das orthodoxe Kloster wurde 1020 von einem bulgarischen Asketen gegründet und im Laufe der Jahrhunderte mehrfach zerstört und wiederaufgebaut. Die heutigen Bauten stammen aus dem 18. Jahrhundert, und das Kloster gilt als eine der wichtigsten kulturellen Sehenswürdigkeiten des Landes. Die Mönche des Klosters leben nach den strengen Regeln der Mönchsrepublik Athos auf der griechischen Chalkidiki-Halbinsel. Wir bewundern die schönen Fachwerkbauten der weitläufigen Anlage und lassen die andächtige Atmosphäre auf uns wirken.

Vom Kloster folgen wir der Radika weiter nach Süden, bis sie in den Debar-Stausee mündet. An dessen Ufer liegt die Stadt Debar. Hier machen wir für einen Einkauf halt und schauen uns die Uhrturm-Moschee an. Dann geht es auf die Suche nach einem Platz für unsere letzte Übernachtung in Nordmazedonien. Das ist gar nicht so einfach, und schließlich landen wir auf einer großen Wiese an einem Friedhofswald. Am Waldrand liegt zwar ziemlich viel Müll, doch es gibt einen Brunnen, und von unserer Wiese aus haben wir einen tollen Weitblick über die Berge. Mit einer Flasche Vranac aus der Region feiern wir unseren Abschied von Nordmazedonien. Denn am nächsten Morgen werden wir von hier nach Bllatë e Epërme zur Grenze nach Albanien fahren.

Unser Übernachtungsplatz mit Panoramablick
GPS: 41.50052, 20.48404

Oben: Im Kloster Sveti Jovan
Unten: Übernachtungsplatz am alten Friedhof

Reiseinfos zu Nordmazedonien

Währung Denar (MKD)
1 Denar = 100 Deni, Faustregel Wechselkurs: 1 Euro = ca. 60 MKD

Zeitverschiebung keine (MEZ/MESZ)

Notrufnummern kein Euro-Notruf
Polizei: 192, Feuerwehr: 193, Notarzt: 194

Einreiseregeln/Wichtige Reisedokumente
Grenzkontrollen sind bei Ein- und Ausreise obligatorisch. Für deutsche Staatsbürger gelten Reisepass oder Personalausweis. Führerschein und Fahrzeugschein sind notwendig. Die Grüne Versicherungskarte ist ebenfalls erforderlich und muss das neue Landeskürzel NMK enthalten. Karten mit den alten Kürzeln MK oder MKD werden nicht mehr anerkannt. Das wird sowohl bei der Ein- als auch bei der Ausreise kontrolliert.

Internet/Netzabdeckung/ Netzgeschwindigkeit
Es gilt kein kostenloses EU-Roaming. Die regionalen Anbieter Makedonski Telekom und A1 Mobile bieten verschiedene kostengünstige Prepaid-Pakete an. Die Netzabdeckung ist gut bis ausreichend. Wir hatten mit unserer Telekom-Karte auch in abgelegenen Gebieten meist 4G-Geschwindigkeit.

Freies Übernachten
Offiziell ist freies Campen in Nordmazedonien verboten, in der Praxis wird es aber geduldet. Meidet jedoch Privatgrundstücke und die Nähe zu öffentlichen Gebäuden. In der Regel werdet ihr von Einheimischen wahrscheinlich freundlich gegrüßt. Dennoch solltet ihr euch immer an die üblichen Verhaltensregeln halten und um Erlaubnis fragen, wenn ihr die Möglichkeit habt.

Camping-Infrastruktur
Nordmazedonien hat kaum Camping-Infrastruktur. Solltet ihr Campingplätze finden, sind sie im Allgemeinen sehr einfach. Manche Restaurants und Bauernhöfe bieten Übernachtungsmöglichkeiten an, dort ist der Service oft ausgesprochen freundlich. Die Menschen sind gastfreundlich und helfen gern, wenn sie können – es lohnt sich, freundlich zu fragen. Das Befüllen von Gasflaschen ist offiziell nicht möglich, manche Anbieter helfen bei Bedarf aber weiter. Adapter sollten dann vorhanden sein.

Trinkwasserqualität
Wir haben Leitungswasser in Nordmazedonien gefiltert getrunken und hatten keine Probleme. Es gibt auch ausreichend Quellen und Trinkbrunnen, um sich mit Wasser zu versorgen. Im Zweifel solltet ihr Einheimische fragen.

Tempolimits/Lichtpflicht/Straßenqualität
Innerorts gilt Tempolimit 50, außerorts 80, auf Schnellstraßen 110 und auf Autobahnen 130 km/h. Auch tagsüber gilt ganzjährig Lichtpflicht. Die Straßen sind oft in schlechtem Zustand. Nebenstrecken können sich als nahezu unbefahrbare Pisten erweisen. Besonders in ländlichen Gebieten solltet ihr Routenvorschläge eures Navis kritisch hinterfragen und im Zweifel längere Umwege in Kauf nehmen. Straßen um Ballungsräume und die (oft zweispurigen) Autobahnen und Fernstrecken sind hingegen in der Regel problemlos befahrbar.

Straßenmaut
Auf den Autobahnen A1, A2 und A4 wird eine streckenabhängige Maut erhoben. Genaue Infos findet ihr unter adac.de/reise-freizeit/maut-vignette/nordmazedonien

Reisewortschatz – die Basics

Deutsch	Mazedonisch (Makedonski)
Hallo	Zdravo
Tschüss	Čao
Guten Tag!	Dobar den
Auf Wiedersehen!	Zbogum
Ja / Nein	Da/Ne
Ja bitte / Nein danke	Da molam/Ne blagodaram
Danke	Blagodaram
Bitte	Ve molam
Entschuldigung	Se izvinuvam
Sehr gut!	Mnogu dobro!
Ich heiße …	Moeto ime e …
Wie heißt du?	Kako se vikaš?
Prost!	Na zdravje!
Darf ich Englisch/Deutsch mit dir sprechen?	Može li da zboruvam so vas na angliski/germanski?
Ich brauche Hilfe.	Mi treba pomoš.

Sonnenuntergang über der Bucht von Kotor
am Thumfort Gorazda in Montenego

REGISTER

IMPRESSUM

Verantwortlich: Kerstin Thiele
Lektorat: Michaela Zelfel
Layout: Eva-Maria Klaffenböck
Repro: LUDWIG: Media
Kartografie: Huber Kartografie, Heike Block
Herstellung: Alexander Knoll
Printed in Turkey by Elma Basim

★★★★★

Sind Sie mit diesem Titel zufrieden? Dann würden wir uns über Ihre Weiterempfehlung freuen. Erzählen Sie es im Freundeskreis, berichten Sie Ihrem Buchhändler, oder bewerten Sie beim Onlinekauf. Und wenn Sie Kritik, Korrekturen, Aktualisierungen haben, freuen wir uns über Ihre Nachricht an Bruckmann Verlag, Postfach 40 02 09, D-80702 München oder per E-Mail an lektorat@verlagshaus.de.

Unser komplettes Programm finden Sie unter

www.bruckmann.de

Dank des Autors:
Esther Frey, ohne die sich der Autor sicher schon auf dem Weg nach Österreich verirrt hätte und jetzt noch an der Einleitung feilen würde. Elena Grawe, die sich die Fakten vorgeknöpft und mit Fotos ausgeholfen hat, wo der Autor geschludert hat. Romas Bielke, der mit viel Geduld und ein paar Pastry Stout jeden Fehlerteufel aufgespürt hat. Dickbert, der uns ohne Murren durch den Balkan getragen hat. Und die Jungs vom Autoservice Bohnsdorf, die seit Jahren dafür sorgen, dass das so bleibt. Dieses Buch wäre ohne eure Hilfe nicht entstanden.

Bildnachweis:
Alle Fotos sind vom Autor mit Ausnahme von: Esther Frey: 12 u.l., 15 o.r., 43 o.r., 69 u.r., 73 o.r., u., 77, 78, 79 o., 124 o.l., 131 u., 132 o.l., 145 o., 149, 153 o.l., 158 u,. 166, 181, 235 o.r., Autorenfoto/Klappe. Elena Grawe: 12 u.r., 243, 255, 267 u. Nk/Wikipedia/Public Domain: 192 u. Aleksei Simonenko/Unsplash/Unsplash-Lizenz: 228 u. Yuliya Yevseyeva/Unsplash/Unsplash-Lizenz: 264 o.

Umschlagvorderseite: Unterwegs auf der Durmitor-Runde in Montenegro
Umschlagrückseite: Perast, Bucht von Kotor, Montenegro

Die Deutsche Nationalbibliothek verzeichnet diese Publikation in der Deutschen Nationalbibliografie; detaillierte bibliografische Daten sind im Internet über http://dnb.d-nb.de abrufbar.

2. aktualisierte Auflage

ISBN 978-3-7343-2739-1